高等院校服装与服饰设计
专业"十三五"案例式规划教材

服装电子商务

- 主　编　刘　鑫
- 副主编　任丽惠　陈园园　李　沙

内容提要

本书是编者多年教学实践的结晶,主编及各位参编人员长期坚守于教学第一线,有着丰富的教学和企业实践经验。本书角度新颖、涵盖的知识面广,改变了以往服装教材固有的构成模式,实现了多学科交叉渗透,内容翔实,采用讲、学、练相结合的授课模式,可直接应用在实践之中。

本书借鉴并吸收国内外最新服装电子商务的研究成果,系统地阐述了服装电子商务的模式和实现方法,内容组织上凸显服装的行业性、技术的前瞻性、内容的实用性。全书共分七章,主要包括电子商务概论、服装电子商务概述、服装网络市场分析、服装网店开设与运营、服装网络营销、服装供应链管理、服装跨境电子商务等内容。

本书可作为高等院校纺织服装类专业的教材,也可供服装电子商务领域相关人士参阅。

图书在版编目(CIP)数据

服装电子商务 / 刘鑫主编. —武汉:华中科技大学出版社,2019.8(2023.1重印)
高等院校服装与服饰设计专业"十三五"案例式规划教材
ISBN 978-7-5680-5390-7

Ⅰ.①服… Ⅱ.①刘… Ⅲ.①服装工业-电子商务-高等学校-教材 Ⅳ.①F407.865-39

中国版本图书馆CIP数据核字(2019)第154722号

服装电子商务
Fuzhuang Dianzi Shangwu

刘 鑫 主编

策划编辑:	周永华
责任编辑:	周永华
封面设计:	原色设计
责任校对:	刘 竣
责任监印:	朱 玢
出版发行:	华中科技大学出版社(中国·武汉) 电话:(027)81321913
	武汉市东湖新技术开发区华工科技园 邮编:430223
录 排:	华中科技大学惠友文印中心
印 刷:	湖北新华印务有限公司
开 本:	880mm×1194mm 1/16
印 张:	9
字 数:	191千字
版 次:	2023年1月第1版第2次印刷
定 价:	69.80元

本书若有印装质量问题,请向出版社营销中心调换
全国免费服务热线:400-6679-118 竭诚为您服务
版权所有 侵权必究

前言
Preface

当今社会正处于快速变化之中,越来越多的人谈论着网上购物、网上开店;越来越多的人用手机玩微信、做微商;越来越多的企业不停地给消费者发送精准营销的短信、邮件。我们可以看到以互联网和信息技术为基础的电子商务正在改变着传统市场竞争规则、经济增长方式以及人们的生活方式。

服装类商品常年稳居网络零售第一大品类宝座,服装电子商务作为电子商务领域的一个重要分支,主要研究服装行业如何开展和应用电子商务。面对全球化的激烈竞争和客户日益严格的要求,服装企业需要向"多品种、小批量、高质量、快交货、零库存"的方向发展。利用服装电子商务这一利器能够改造传统的服装生产、营销和管理模式,实现整个服装产业链和商业模式的优化,从而推进服装产业的转型升级。

目前,服装电子商务市场有以淘宝网、天猫、京东商城、唯品会、苏宁易购为代表的平台电商;以邦购网、凡客诚品为代表的垂直电商;以韩都衣舍、茵曼、裂帛为代表的淘品牌;以及O2O电商、品牌电商、B2B电商、C2M电商等。服装行业有其特殊性,服装电子商务不是服装和电子商务两者的简单叠加。只有从服装行业的特点出发,让传统的服装行业抓住"互联网+"时代的发展机遇,建立行之有效的服装行业电子商务模式,才能推动服装行业的持续发展。

服装电子商务的发展离不开专业人才,我国服装电子商务需要既具有服装专业知识又具有电子商务职业技能的复合型人才。目前我国很多高校的服装类专业开设有电子商务课程,但使用的教材大多是通用的电子商务教材,针对性和适用性不强，不利于服装电子商务人才的培养。因此，结合服装行业的特点编写专门的服装电子商务教材就显得很有必要。

本书借鉴并吸收国内外最新服装电子商务的研究成果，系统地阐述了服装电子商务的模式和实现方法，内容组织上凸显服装的行业性、技术的前瞻性、内容的实用性。本书角度新颖、涵盖的知识面广，改变了以往服装教材固有的构成模式，实现了多学科交叉渗透，内容翔实丰富，采用讲、学、练相结合的授课模式，可直接应用在实践之中。本书可作为高等院校纺织服装类专业的教材，也可供服装电子商务领域相关人士参阅。

本书编写人员及分工情况如下：刘鑫负责第二章、第三章、第五章、第七章的编写及全书统稿与修改；李沙负责第一章的编写；陈园园负责第四章的编写；任丽惠负责第六章的编写。

本书的编写工作得到了华中科技大学出版社的大力支持，在此表示感谢。本书在编写过程中，笔者借鉴并吸收了国内外有关专家学者的理论和观点，查阅了大量有关电子商务、服装网络营销、服装供应链等方面的文献资料，从中深受启发，在此向相关作者表示诚挚的谢意。

由于笔者水平和编写时间有限，书中难免有疏漏，恳请各位专家、读者批评指正。

编　者
2019 年 1 月

目录
Contents

第一章　电子商务概论 /1
　第一节　电子商务的定义及发展 /1
　第二节　电子商务的交易模式 /5
　第三节　电子商务的技术基础 /8
　第四节　电子商务法 /15

第二章　服装电子商务概述 /22
　第一节　服装电子商务 /22
　第二节　服装电子商务的现状 /31

第三章　服装网络市场分析 /38
　第一节　服装网络市场调研 /38
　第二节　服装网络市场分析 /43

第四章　服装网店开设与运营 /55
　第一节　服装网店开设 /55
　第二节　服装网店运营管理 /60
　第三节　服装网店推广策略 /69

第五章　服装网络营销 /75
　第一节　服装网络营销概述 /75
　第二节　服装网络营销策略 /84

第六章　服装供应链管理 /95
　第一节　服装供应链管理与电子商务 /95
　第二节　服装电子商务与物流管理 /103

第七章　服装跨境电子商务 /115
　第一节　服装跨境电子商务概述 /115
　第二节　服装跨境电子商务的运营 /122
　第三节　服装企业发展跨境电子商务的对策 /130

参考文献 /135

第一章
电子商务概论

章节导读 计算机技术和网络技术的发展推动了电子商务的迅速发展，电子商务已经成为经济全球化下的不可替代的商业模式。电子商务不仅是一种新的技术或手段，更是一种影响企业未来生存及长远发展的选择。本章对电子商务进行了总体介绍。

第一节 电子商务的定义及发展

早在 19 世纪 30 年代，当电报刚出现的时候，人们就开始了对运用电子手段进行商务活动的探讨。随着计算机技术和网络通信技术的进步，电子商务发展迅速。

一、电子商务的定义

电子商务已经渗透人们的日常生活，是在互联网上展开商务活动的一种方式，但是至今也没有一个完整、权威的定义。狭义的电子商务也称电子交易，主要是指利用 Web 提供的通信手段在网上进行的交易活动，包括通过互联网买卖产品、提供服务。广义的电子商务包括电子交易在内的利用 Web 进行的全部商业活动，如市场分析、客户联系、物资调配、内部管理、公司之间的合作等，也可称为电子商贸。这些商务活动可以发生在公司内部、公司之间及公司与客户之间，涉及企业的整个产业链。

电子商务是以商务活动为主体，以计算机网络为基础，以电子化方式为手段，在法律许可范围内所进行的商务活动过程。人们不是面对面看着实实在在的产品进行交易，而是通过网络展现产品信息，利用完善的物流配送系统和方便安全的支付结算系统进行交易。对电子商务可以有以下认识。

（1）电子商务是整个贸易活动的电子化。

（2）电子商务是利用各种电子工具和电子技术从事各种商务活动的过程。

（3）电子商务渗透贸易活动的各个阶段，包括信息交换、售前和售后服务、电子支付、物流、共享资源等。

（4）电子商务的参与者包括消费者、销售者、供应商、企业员工、银行或金融机构以及政府等各种机构和个人。

（5）开展电子商务的目的是推动企业乃至全社会的高效率、低成本的贸易活动。

二、电子商务的发展

1. 电子商务的发展历程

电话、电报、传真及电视等传统通信工具的应用时代就是电子商务开始应用的阶段，其前身是电子数据交换（electronic data interchange，EDI）。使用 EDI 可以减少甚至消除贸易过程中产生的过多的人为干扰因素，避免出现数据不准确现象。由于 EDI 减少了贸易过程中的纸张票据，因此 EDI 也常称为"无纸化贸易"。

自 20 世纪 90 年代至今，电子商务在全球的发展历程可以概括为四个阶段：初始高速发展阶段（20 世纪 90 年代中期至 2000 年）、调整蓄势阶段（2000 年初至 2002 年）、复苏稳步发展阶段（2002 年底至 2006 年底）和纵深发展阶段（2007 年至今）。

2. 我国电子商务的发展历程

1987 年 9 月 20 日，中国的第一封电子邮件"越过长城，走向世界"，揭开了中国互联网发展的序幕。20 世纪 90 年代初我国开始发展电子商务，可以分为以下四个阶段。

（1）1990 年至 1993 年，开展 EDI 的电子商务应用阶段。

1990 年中国顶级域名"cn"注册成功，中国网络有了自己的身份标志。这为电子商务的推行奠定了基础。1991 年 9 月，由原国务院电子信息系统推广应用办公室牵头并会同八个部委局发起成立"中国促进 EDI 应用协调小组"。

（2）1993 年至 1997 年，政府推动电子商务工程阶段。

1994 年 10 月"亚太地区电子商务研讨会"在北京召开，使电子商务概念开始在我国传播。

（3）1998 年至 1999 年，互联网电子商务"引入期"。

1998 年 3 月，我国第一笔网上交易成功。1998 年 7 月，中国商品交易市场正式宣告成立。1999 年电子政务、网上纳税、网上教育、远程诊断等广义电子商务启动，并已有试点，电子商务进入实际使用阶段。

（4）2000年至今，我国电子商务进入"成长期"。

2000年，我国电子商务进入调整期，B2B、B2C、C2C等多种电子商务交易模式不断创新，涌现出阿里巴巴、淘宝网、当当网、京东商城等电子商务网站，也出现了一些以传统企业为依托的电子商务公司，如海尔商城、苏宁易购等。

近年来，我国的电子商务发展迅速，交易额连创新高。电子商务在各领域的应用不断拓展和深化，与实体经济深度融合，对经济、社会生活的影响不断增大，已经成为我国经济发展的重要增长点，具体表现在以下几个方面。

（1）电子商务应用范围广。

中国互联网络信息中心（CNNIC）发布的第42次《中国互联网络发展状况统计报告》，数据均截至2018年6月，报告中显示的如下数据，均展现了在我国电子商务的应用范围之广。

我国网民规模为8.02亿，其中手机网民规模达7.88亿，网民中使用手机上网人群的占比由2017年的97.50%提升至98.30%，网民手机上网比例继续攀升。

我国网购用户规模达到5.69亿，占网民总数的71.00%。手机网购用户规模达到5.57亿，占手机网民总数的70.70%。

我国网络新闻用户规模为6.63亿，占网民总数的82.70%。其中，手机网络新闻用户规模达到6.31亿，占手机网民总数的80.10%。

我国网上外卖用户规模达到3.64亿，其中，手机网上外卖用户规模达到3.44亿，占手机网民总数的43.70%。

我国网络支付用户规模达到5.69亿，使用比例由2017年的68.80%提升至71.00%。其中，手机支付用户规模为5.66亿。

我国网络直播用户规模达到4.25亿。

我国网约出租车用户规模达到3.46亿。

我国在线政务服务用户规模达到4.70亿，占网民总数的58.60%。

商务部电子商务和信息化司发布的《中国电子商务报告2017》显示，2017年全国电子商务交易额达29.16万亿元，同比增长11.70%；网上零售额7.18万亿元，同比增长32.20%。我国电子商务发展更加注重效率、质量和创新，取得了一系列新的进展，在壮大数字经济、共建"一带一路"、助力乡村振兴、带动创新创业、促进经济转型升级等诸多方面发挥了重要作用，成为我国经济增长的新动力。截至2017年底，全国网购用户规模达5.33亿，同比增长14.30%；非银行支付机构发生的网络支付金额达143.26万亿元，同比增长44.32%；全国快递服务企业业务量累计完成400.60亿件，同比增长28.00%；电子商务直接提供的和间接带动的就业岗位达4250万。

国家统计局有关电子商务交易平台的调查显示，2018年全国电子商务交易额为31.63万亿元，比2017年增长8.50%（图1-1）。

图1-1　2013—2018年中国电子商务市场交易规模

3. 我国电子商务的发展趋势

（1）移动购物。

手机网购用户的渗透率增速是远大于电脑端网购用户的渗透率的，电子商务将来的主战场不是在电脑端，而是在移动终端上。手机网购用户有很多特点，如购买的频次更高、更零碎，购买的高峰不是在白天，而是在晚上和节假日。要做好移动购物，不能简简单单地把电脑端电子商务搬到移动端上面，而要充分地利用移动设备的特征，例如它的扫描特征，图像、语音识别特征，感应特征，GPS定位特征等，真正把移动购物带到千家万户。

> **小贴士**
>
> 网络代购和普通的网购有很多不同。简单地说，代购就是由代购商帮消费者购买商品。人们总会碰到这样的情况，在网络、电视、报纸等媒体上看到了世界各地的特色商品，但由于时间和距离的原因，不能把喜欢的商品买回来。而且随着人们消费水平的提高和互联网技术的飞速发展，国内的商品已经远远不能满足消费者的需求。为了解决类似的问题，扩大消费者的购买范围，网络代购就应运而生了。

（2）平台化。

目前，大的电商公司大多建立了自己的平台，因为这是充分利用自己的流量，让自己的商品和服务效益最大化的一个有效途径。有了平台，可以利用全社会的资源增加商品的丰富度、提升服务水平和扩大地理覆盖范围。

（3）城镇化。

随着一、二线城市网购渗透率接近饱和，电商城镇化布局将成为电商企业发展的重点，小城市、乡镇等地区将成为电商"渠道下沉"的主战场。同时，电商在欠发达地区可以更大地发挥其优势，缩小小城市、乡镇与一、二线城市的消费差别。谁先抢占了三、四线城市等市场，谁就将在未来的竞争中占据更大的优势。

（4）物联网。

未来，任何物品状态的变化都可以引起其他相关物品状态的变化。可以想象，如果将牛奶放进冰箱的时候自动扫描保质期和生产日期，记录什么时候放进去的，记录用量。当快要喝完的时候，马上可以自动下订单，商家接到订单马上送货。也就是说消费、零售、物流和生产可以全部结合起来。

（5）社交电商。

当前，社交媒体正逐渐转变成为电子商务的重要渠道，而且这个趋势在亚洲市场表现得尤其明显。那些能够将社交、零售及通信功能整合为一体的平台则更是走在了前面，也模糊了社交与购物之间的界限。如阿里巴巴通过开设特别兴趣讨论组，将社交娱乐注入线上零售体验中，用户可在讨论组中分享产品信息、推荐商品，并直播产品测试和使用贴士。有行业报告指出，在诸如此类创新措施的带动下，部分用户使用淘宝的频率平均每天高达七次。

第二节　电子商务的交易模式

传统的观点是将企业的电子商务模式分为 B2C、B2B、C2C、O2O、C2B 等多种交易模式。

一、电子商务主要交易模式

1.B2C 电子商务模式

B2C 是 business to consumer 的简称，中文简称为"商对客"，是企业通过互联网为消费者提供在网上购买商品并完成支付的途径的运行模式。这种模式一般用于网络零售业，主要是借助互联网开展在线销售活动。B2C 即企业通过互联网为消费者提供一个新型的购物环境——网上商店，消费者通过网络实现购物、支付等消费行为。没有实物参与，网络平台只将描述和图片以及购买者的评价等相关信息提供给消费者，消费者根据以上信息进行判断和选择。这种消费模式既节约了时间，也节省了店家的成本。

B2C 电子商务按服务主体可分为两种类型：自主销售式 B2C 电子商务和第三方平台式 B2C 电子商务。自主销售式 B2C 网站是由企业自建的服务于该企业的电子商务网站，如凡客诚品、京东商城、当当网、亚马逊、苏宁易购、唯品会等。第三方平台式 B2C 网站是由电子商务企业建立的向其他企业提供服务的第三方交易平台，如淘宝网。一些自主销售式 B2C 网站为了商品更丰富并更好地利用已有网站资源，也推出 B2C 购物平台，如京东商城、当当网、亚马逊等都相继开放了第三方平台，在开展自营业务的同时，兼顾第三方平台业务。数据显示，来自全球第三方卖家的商品在亚马逊所销售商品总量中已经超过三成，第三方卖家已经成为 B2C 电子商务的重要组成部分。

2.B2B 电子商务模式

B2B 是 business to business 的简称，其中文简称为"商对商"，是电子商务应用较多和较受企业重视的形式。它是指企业通过互联网对每笔交易寻找最佳合作伙伴，完成从订购到结算的全部交易行为。B2B 电子商务是以企业为主体，在企业之间进行的电子商务活动，主要是针对企业内部以及企业与上、下游厂商之间进行资讯整合，并在互联网上进行企业与企业间的交易，借由企业内部网络（intranet）建构信息流通的基础，并利用外部网络（extranet）联合产业的上、中、下游厂商，实现供应链的整合。因此建立 B2B 的商业模式，不仅可以简化企业内部信息流通的成本，更可使企业与企业之间的交易流程更快速，减少成本的耗损。

B2B 为企业之间的战略合作提供了基础，企业之间可以通过网络在市场、产品和经营等方面建立互补互惠的合作关系，形成水平或垂直形式的业务整合。如创建于 1999 年的阿里巴巴是目前国内甚至全球最大的专门从事 B2B 业务的服务运营商。阿里巴巴的运营模式概括起来即为注册会员、提供贸易平台和信息、让企业和企业通过网络达成交易。服务的级别则是按照收费的不同，针对目标企业的不同类型，由高到低、从粗至精呈阶梯状分布。其实就是把一种贴着阿里巴巴品牌商标的信息服务贩卖给各类需要这种服务的中小企业、私营业主，为目标企业提供了传统线下贸易之外的另一种全新的网上贸易途径。

3.C2C 电子商务模式

C2C 是 consumer to consumer 的简称，其中文简称为"客对客"，就是通过为买卖双方提供一个在线交易平台，使卖方可以主动提供商品在网上拍卖，而买方可以自行选择商品进行竞价。C2C 针对的是消费者与消费者之间的互动交易行为，这种交易方式是多变的。C2C 电子商务主要有竞标拍卖和店铺平台两种运作模式。

竞标拍卖 C2C 模式下，买卖双方借助第三方交易平台，开展以竞价、议价为主的在线交易。例如消费者可同在某一竞标网站或拍卖网站中，共同在线上出价，由价高者得标，或由消费者自行在网站或论坛上张贴布告以出售二手货品，甚至是新品。诸如此类因消费者间的互动而完成的交易都属于 C2C 电子商务。

店铺平台 C2C 模式下，买卖双方不采用竞价、议价方式，而是采用一口价的便捷方式进行在线交易。买卖双方可以不互动或只是利用即时通信工具进行简单互动沟通，整个交易过程与 B2C 相似，只是买卖双方都是以消费者身份进行交易，交易的商品也不局限于二手商品。

4.O2O 电子商务模式

O2O 是 online to offline 的简称，其中文简称为"线上线下"，通过网络导流，把互联网与线下实体店对接，实现互联网的落地，让消费者在享受线上优惠价格的同时，又可享受线下贴心的服务。在既有的互联网商业模式中，属于 O2O 范畴的模式非常多，比如通过移动互联网买卖二手货、买房、租房、找工作、找酒店、找旅游目的地、找餐馆。

可以从三个方面来解读 O2O 电子商务模式：第一个方面是 O2O 把线上的消费者带到现实的商店或者服务中去，也就是在线上查询、购买线下的商品或者服务，再到线下去享受服务；第二个方面是在电子商务发生的过程中，电子商务由信息流、资金流和物流组成，O2O 的特点是把信息流和资金流放在线上，而把物流放在线下，那些无法通过物流送达的有形产品或者无形服务就恰恰是 O2O 模式的服务对象；第三个方面是 O2O 模式体现了移动互联网时代体验支持的重要性，从消费者搜索并且发现自己需要的商品或服务，到交易和购买，再到交付、使用该商品或服务，直到最后的再消费或者分享，这样一个完整的过程构成了线上到线下的消费体验。如苏宁易购的 O2O 模式是以互联网零售为主体的"一体两翼"的互联网转型路径。苏宁易购利用自己的线下门店以及线上平台，实现了全产品全渠道的线上线下同价，打破了实体零售在转型发展中与自身电商渠道左右互搏的束缚。O2O 模式下的苏宁易购实体店不再是只有销售功能的门店，而是一个集展示、体验、物流、售后服务、休闲社交、市场推广于一体的新型门店——云店，店内开通免费 WIFI、实行全产品的电子价签、布设多媒体的电子货架，利用互联网、物联网技术搜集分析各种消费行为，推进实体零售进入大数据时代。

二、新型的电子商务模式

1.C2C2B 模式

这种电子商务模式结合了 C2C 和 C2B 的优势。在这种模式下，作为个人可以通过向他人介绍一个更好的交易平台，为他人提供一个消费或者经营的机会，从而让他人也可推荐更多的商家入驻或者加盟来获得更大的消费群体，以达到增加销量的目的。在这样一个新的交易平台上，消费者、经营者和商家三方达成平衡式的获利。

2.C2B2B 模式

C2B2B 模式是指由消费者提出需求后，由从事电子商务的企业整合信息，向生产商

C2B（consumer to business，即消费者到企业）是互联网经济时代新的电子商务模式。在 C2B 模式下，先有消费者需求，而后有企业生产，即先有消费者提出需求，后有生产企业按需求组织生产。通常情况为消费者根据自身需求定制产品和价格，或主动参与产品设计、生产和定价，产品、价格等彰显消费者的个性化需求，生产企业进行定制化生产。

定制高品位、高质量、高性价比的产品和服务，同时按照相应标准检验产品和服务。第一个"B"是C2B2B模式中的电子商务企业，通过统一地经营管理对产品、服务和消费者终端同时进行整合，是生产商和消费者之间的桥梁，为生产商和消费者提供优质的服务；第二个"B"是C2B2B中的生产商，并不仅仅局限于品牌生产商、影视制作公司和图书出版商，任何产品生产商或服务供应商都可以成为第二个"B"；"C"表示消费者，是在第一个"B"构建的统一电子商务平台购物的消费者。

3.B2G 模式

B2G 是 business to government 的简称，即企业与政府之间通过网络所进行的交易活动的运作模式。企业与政府之间的电子商务涵盖了政府与企业之间的各项事务，包括政府采购、税收、商检、管理条例发布以及法规政策颁布等。比较典型的例子就是网上采购，即政府在网上进行产品、服务的招标和采购。

4.BMC 模式

BMC 是 business medium consumer 的缩写，是指企业、中间监管者与消费者之间的电子商务运作模式，其中"medium"就是第三方监管平台。第三方监管平台为企业提供第三方质量监控、多媒体整合推广、促进全民参与经营等服务，保障企业及消费者权益、规避网络诚信危机、降低企业运营成本等。

5.B2T 模式

B2T 是 business to team 的简称，简单来说就是企业对团队的模式，即网络团购。所谓网络团购，就是互不认识的消费者，借助互联网"网聚人的力量"来聚集资金，加大与商家的谈判筹码，以争取最优惠的价格。尽管网络团购出现的时间不长，却已经成为网民中流行的一种消费方式。

第三节 电子商务的技术基础

电子商务需要网络、数据库、信息安全等众多技术的支持。网络提供了世界范围内的信息交流平台。数据库及相关技术提供了商务过程数据的处理措施。信息安全技术保障商务过程得以顺利进行。

一、电子商务的网络技术基础

1.计算机网络

计算机网络的简单定义是：一些相互连接的、以共享资源为目的、自治的计算机的集合。从逻辑功能上看，计算机网络是以传输信息为目的，用通信线路将多台计算机连接起来形成的计算机系统的集合。计算机网络的组成单位包括传输介质和通信设备。

2. 计算机网络的优势和特点

（1）开放性。

互联网带来的开放性使得将孤立的信息联通起来实现资源共享成为可能。例如把一个电视节目放在互联网上，让全世界的人都可以看到，这就是互联网的共享。可以让所有人去用同一个资源，最大限度地节省成本、提高效率。

（2）超时空性。

互联网的超时空性，使得人与人之间的交往不受时空限制。人们不见面就可以进行交流，也可以让信息传播不受时间和空间的限制。

（3）实时交互性。

实时交互性是互联网媒体最大的优势。不同于传统媒体的信息单向传播，互联网通过信息互动传播，用户可以获取他们认为有用的信息，商家也可以随时得到宝贵的用户反馈信息。

（4）个性化。

互联网的个性化服务是基于用户的信息使用行为、习惯、偏好和特点，向用户提供的满足其个性化需求的一种服务。每一个人都可以在网上发布自己独到的、稀奇古怪的创意。

（5）公平性。

人们在互联网上发布和接收信息的权利是平等的，互联网不分时段、不讲身份，人们的机会均等。

3. 互联网与电子商务的关系

在这个互联网高速发展的时代，电子商务是应运而生的，是时代的必然产物，且电子商务是在互联网上进行的，必须依赖互联网这一平台。互联网技术和信息技术的发展，也为电子商务的发展提供了更加广泛的发展空间。网络带宽、实时通信技术、网络安全技术和新的信息技术的发展，为电子商务的发展，特别是为新的商业模式出现提供了技术支持。例如实时通信技术为企业和客户沟通提供了廉价、有效、无地域限制的方式。没有互联网的支持，电子商务是无法自立的。电子商务的出现是互联网发展过程中的一个里程碑，也是其结晶。

由于互联网文化的形成和发展，人们在互联网上的行为模式已经形成，并不断推陈出新。这一方面使得企业可以按照不同的客户行为模式和渠道，有针对性地建立同客户交流的渠道，开展商务活动；另一方面由于互联网文化的发展，上网人群的行为特征也在不断演变，因此企业进行的商务活动的渠道、方式也要不断地改变，电子商务的发展不断面临新的机遇和挑战。

目前，电子商务与互联网之间已经形成了一种良性互动的发展局面。

二、网络支付技术

1. 基本概念

电子支付简单地讲就是通过电子信息技术,以电子数据形式存储、处理货币价值,以电子信息传递形式实现货币价值流通过程。中国人民银行发布的《电子支付指引(第一号)》指出,电子支付是指单位、个人直接或授权他人通过电子终端发出支付指令,实现货币支付与资金转移的行为。电子支付的类型按电子支付指令发起方式分为网上支付、电话支付、移动支付、销售点终端交易、自动柜员机交易和其他电子支付。和电子支付有密切联系的是网络支付。一些电子支付结算方式逐步采用成本更低、使用更方便的计算机网络来实现流通和支付,这就是网络支付。

网络支付是基于开放的互联网平台,采用先进的电子信息技术通过数字流来完成信息传输的。它通过数字化的方式进行款项支付,具有方便、快捷、高效、经济的特点,更能适应电子商务发展的需要。

2. 网络支付的基本流程

基于互联网的网络支付与传统的支付方式在机制和过程上都是相似的,只不过流动的媒介不同,一个是纸质货币与票据,另一个是电子货币。网络支付的方式不同,其具体的支付流程可能会有差异。通过对目前各种网络支付方式的支付流程进行分析,概括出网络支付的基本流程如下。

(1)客户连接互联网,在网上浏览、选择和订购商品,选择网络支付结算工具,并得到银行的授权。

(2)客户终端对相关订单信息进行加密,在网上提交订单。

(3)商家电子商务服务器对客户的订单信息进行检查、确认,并把经过加密的客户支付信息等转发给支付网关,由银行确认。

(4)银行确认后,通过刚才建立起来的经由支付网关的加密通信通道,给商家服务器回发经确认的支付结算信息。

(5)银行得到客户转来的进一步授权结算的信息后,把资金从客户账户转至商家银行账户上。

(6)商家服务器接收到银行发来的结算成功的信息后,给客户发送网络付款成功信息和发货通知。

3. 常见的网络支付方式

目前发展中的网络支付方式主要有电子钱包、电子现金、电子零钱、电子支票、电子汇款、电子划款、智能卡、借记卡、第三方电子支付、数字个人对个人(P2P)支付等。下面主要介绍几种常用的支付方式。

（1）电子钱包。

电子钱包是消费者在电子商务购物活动中常用的一种支付工具，是在小额购物或购买小商品时常用的新式钱包。使用电子钱包购物，通常需要在电子钱包服务系统中进行。电子商务活动中的电子钱包软件通常都是免费提供的，消费者可以直接使用与自己银行账户相连接的电子商务系统服务器上的电子钱包软件，也可以从互联网上调出来，采用各种保密方式利用互联网上的电子钱包软件。

（2）电子现金。

电子现金（e-cash）又称为电子货币（e-money）或数字货币（digital cash），是一种非常重要的电子支付方式，可以看作是对现实货币的电子或数字模拟。电子现金以数字信息的形式存在，通过互联网流通，使用起来比现实货币更加方便、经济。最简单的电子现金形式涉及三个主体（商家、用户、银行）和四个安全协议过程（初始化协议、提款协议、支付协议、存款协议）。

电子现金主要的优点：不受空间的制约；不受时间的制约；通过互联网用于购物。

（3）电子支票。

电子支票是网络银行常用的一种电子支付工具。支票一直是银行大量采用的支付工具之一，将支票改变为带有数字签名的报文或者利用数字电文代替支票的全部信息，就是电子支票。利用电子支票，可以使支票支付的业务和全部处理过程实现电子化。网络银行和大多数银行金融机构通过建立电子支票支付系统，在各个银行之间可以发出和接收电子支票，向广大消费者提供以电子支票为主要支付工具的电子支付服务。

建立电子支票支付系统的关键技术有以下两项：一是图像处理技术；二是条形码技术。支票的图像处理技术首先是将物理支票或其他纸质支票进行图像化处理和数字化处理，再将支票的图像信息及其存储的数据信息一起传送到电子支票系统中的电子支付机构。条形码技术可以保证电子支付系统中的电子支付机构安全可靠地自动阅读支票。实际上，条形码阅读器是一种软件，即一种条形码阅读程序，能够对拒付的支票自动进行背书，并且可以立即识别背书，可以加快支付处理、退票处理和拒付处理的速度。

（4）电子汇款。

目前，国内电子汇款共有四种常见的处理通道：柜面、网络、手机和电话。电子汇款采用先进的信息技术，集汇款交易处理、资金清算、会计核算和风险防范于一体，可提供多功能快速汇款服务。

电话银行通过电话这种现代化的通信工具把用户与银行紧密相连，使用户不必去银行，通过拨打电话银行的电话，就能够得到电话银行提供的其他服务（往来交易查询、申请技术、利率查询等）。银行安装这种系统以后，可使银行提高服务质量、增加客户，为银行带来更好的经济效益。

手机银行利用移动通信网络及终端办理相关银行业务。作为一种结合了货币电子化与移动通信的崭新服务，移动银行业务不仅可以使人们在任何时间、任何地点处理多种金融业务，而且极大地丰富了银行服务的内涵，使银行能以便利、高效具安全的方式为客户提供服务。

（5）第三方电子支付。

第三方电子支付平台属于第三方的服务中介机构，用于完成第三方担保支付。第三方电子支付能最大限度地保障网上交易的安全性。在通过第三方支付平台的交易中，买方选购商品后，使用第三方平台提供的账户进行货款支付，由第三方平台通知卖家货款到达、进行发货，买方检验物品后，就可以通知第三方平台付款给卖家，第三方平台再将款项转至卖家账户。

支付宝是目前国内使用比较广泛的一种第三方电子支付平台，是由支付宝（中国）网络技术有限公司提供的第三方电子支付工具，致力于为中国电子商务提供简单、安全、快速的在线支付解决方案。

三、电子商务的安全技术

互联网是一个高度开放的网络，这给电子商务的发展带来极大的便利，但是电子商务的安全也面临危险。建立一个安全、便捷的电子商务应用环境，对信息提供足够的保护显得尤为必要。

1. 电子商务的安全问题

互联网为电子商务提供了无限的商机，但是互联网的开放性也给电子商务带来了安全问题。有些别有用心的组织和个人寻求机会窃取别人的各种机密信息（如信用卡密码），甚至妨碍和破坏他人的网络系统等。如2007年出现的"熊猫烧香"可以使所有程序的图标变成熊猫烧香，并使它们不能应用。除了黑客攻击等网络安全问题，电子商务还存在交易安全等问题，可以概括如下。

（1）篡改信息。

攻击者未经授权进入网络交易系统，通过各种手段和方法对网络传输中的某些重要信息进行删除、修改、重发。攻击者可能更改信息的内容或改变信息流的次序，如更改商品的发货地或删除信息中的某些部分等。

（2）信息假冒。

攻击者假冒合法用户或发送假冒信息来欺骗其他用户，如冒充他人消费，窃取商家信息，冒充网络控制程序，套取和修改使用权限、密钥等信息。

（3）信息的截获和窃取。

入侵者通过互联网安装截获装置，在网关与路由器上截获数据，获取传输的机密信

移动支付是指使用普通手机或智能手机完成支付或确认支付，而不是用现金、支票或银行卡支付。买方可以使用移动电话购买一系列的服务、数字产品或实体商品。单位或个人通过移动设备、互联网或者近距离传感设备直接或间接向银行金融机构发送支付指令，完成货币支付与资金转移行为，从而实现移动支付功能。移动支付将终端设备、互联网、应用提供商以及金融机构融合，为用户提供货币支付、缴费等金融服务。

> **小贴士**
>
> 计算机病毒（computer virus）是编制者在计算机程序中插入的破坏计算机功能或者数据的一组计算机指令或者程序代码。它能影响计算机的正常使用且能自我复制。计算机病毒具有传播性、隐蔽性、感染性、潜伏性、可激发性、表现性及破坏性等。

息；或通过对信息流量和流向等参数的分析，推算出对入侵者有用的信息，如消费者的银行账号、密码等。

（4）信息传递过程中的破坏。

信息在网络上传递时，计算机病毒的侵袭、黑客非法侵入、线路窃听等很容易使重要数据在传递过程中泄露；各种外界的物理性干扰，如通信线路质量较差、地理位置复杂等，都有可能影响到数据的真实性和完整性。

2. 电子商务安全的基本要求

电子商务安全应该满足以下基本要求。

（1）信息的完整性。

信息的完整性指信息在输入、输出和传输过程中，能保证信息的一致性，防止信息在未授权的情况下被建立、修改和破坏。

（2）信息的保密性。

信息的保密性指交易过程中必须保证信息不会泄露给未被授权的人或实体。电子商务的交易信息是交易双方的商业机密，为确保只有合法用户才能看到数据，防止信息泄露，一般对传输信息进行加密。

（3）信息的有效性。

电子商务作为一种贸易形式，其信息的有效性将直接关系到交易双方的经济利益和声誉。一旦交易成功后，这项交易的信息就应受到保护，以防止被篡改或伪造。

（4）认证性。

认证性指商务活动中要确认交易双方确实是存在的，不是假冒的，能方便又可靠地确认交易双方身份的真实性，一般都是通过认证机构 CA 认证和数字证书认证来实现。

（5）通信的不可抵赖性。

通信的不可抵赖性指商务交易信息的收发双方均不得否认已发或已收的信息，要求发送方在发送信息后不能抵赖，接收方在接收信息后也不能否认，可利用数字签名等技术来保障。

3. 常用的电子商务安全技术

常用的电子商务安全技术有数字信封（digital envelop）、数字摘要（digital digest）、数字签名（digital signature）、数字证书（digital ID）等。

（1）数字信封。

数字信封技术是结合对称加密技术和非对称加密技术优点的一种加密技术。用加密技术来保证只有规定的特定收信人才能阅读信息内容，克服了对称加密技术中密钥分发困难和非对称加密技术中加密时间长的缺点，使用两个层次的加密技术来获得非对称加密技术的灵活性和对称加密技术的高效性。

（2）数字摘要。

数字摘要用于验证通过网络传输收到的文件是否是原始的、未被篡改的文件原文。该技术利用了散列函数的特性，即任意大小的信息经散列函数变换后都能形成固定长度（128 bit）的摘要，也称数字指纹。不同信息产生的数字摘要必定不同，同时不可能通过数字摘要经过逆运算生成源数据。

（3）数字签名。

数字签名技术是用数个字符串来代替书写签名或印章，并起到同样的法律效用，将编码加密所产生的数字摘要用发送者的私钥加密，与原文一起传送给接收者，接收者只有用发送者的公钥才能解密被加密的摘要。完善的电子签名应具备签字方不能抵赖、他人不能伪造、在公证人面前能够验证真伪的功能。目前，数字签名建立在公钥加密体系基础上，是非对称加密技术的另一类应用。数字签名广泛应用的方法主要有：RSA 签名、Hash 签名等。

（4）数字证书。

在网络中完成的电子商务活动，交易各方互相之间是不见面的，为了保证交易各方的真实性，需要进行身份认证。经过私钥加密的数据，可以被所有持有对应公钥的人解开，而私钥只由用户一人保存，这样就可证明该信息发自密钥持有者，这种特性可用于签名，使签名具有不可替代性及不可反悔性，但这并不能保证公钥实际上属于所声称的拥有者。为确保公钥真正属于某个人，应当经过认证，使公钥及其他信息一起形成数字证书，数字证书可以作为鉴别个人身份的证明。

数字证书是一种担保个人、计算机系统或者组织的身份和密钥所有权的电子文档，是用来确认电子商务交易双方身份的工具。在证书管理中心做了数字签名后，任何第三方都无法修改证书的内容。数字证书的种类主要有客户（个人）证书、安全邮件证书、CA 机构证书、企业（服务器）证书（站点证书）。

第四节 电子商务法

电子商务的虚拟化、无纸化、数字化、开放性等特征，使其在给人们带来便利的同时，也带来了很多问题和冲击。

一、《中华人民共和国电子商务法》概述

《中华人民共和国电子商务法》（以下简称《电子商务法》）是政府调整企业和个人以数据电文为交易手段，通过信息网络所产生的因交易形式所引起的各种商事交易关系，以及与这种商事交易关系密切相关的社会关系、政府管理关系的法律。

《电子商务法》共有7章89条。其涵盖范围极广，针对商家普遍关注的税收问题、舆论反应强烈的大数据"杀熟"现象、央视《焦点访谈》曝光的刷单内幕、呼声日益高涨的平台安全责任等，都做了明文规定。现对《电子商务法》进行如下解读。

> **小贴士**
>
> 2013年12月27日，全国人大常委会正式启动了《电子商务法》的立法进程。2018年8月31日，第十三届全国人大常委会第五次会议表决通过《电子商务法》，自2019年1月1日起施行。

1. 明确电商经营者应遵循的准则

针对电商经营者，《电子商务法》从多个维度设置了准则，用于促进他们遵守法律与商业道德，规范电子商务行业管理，打造公平合理的市场竞争环境等。

（1）淘宝店主、微商等自然人经营者，都需要进行工商登记，依法纳税。

《电子商务法》第九条、第十一条明确规定：电子商务经营者包括通过网络销售商品或提供服务的自然人、法人和非法人组织。电子商务经营者应当依法办理市场主体登记，依法履行纳税义务，并依法享受税收优惠。

（2）在首页显著位置公示证照信息。

《电子商务法》第十五条、第十六条指出：电子商务经营者应当在其首页显著位置，持续公示营业执照信息、与其经营业务有关的行政许可信息等。以后即使要自行终止从事电子商务的，也要提前三十日在首页显著位置持续公示有关信息。

（3）刷单、刷评价等行为涉嫌违法。

《电子商务法》第十七条规定：电子商务经营者不得以虚构交易、编造用户评价等方式进行虚假或者引人误解的商业宣传，欺骗、误导消费者。这意味着刷单、刷评价等行为，不但违反平台规则，也是违法行为。

（4）货物破损、快递丢失等运输风险由卖家承担。

《电子商务法》第二十条规定：电子商务经营者应当按照承诺或者与消费者约定的方式、时限向消费者交付商品或者服务，并承担商品运输中的风险和责任。但是，消费者另行选择快递物流服务提供者的除外。以前运输纠纷的默认处理方式是由卖家或买家作为主体，向承运方发起追责，现在则明确界定了由卖家承担运输风险。

（5）竞争环境更为公平，排除、限制竞争的行为受到遏制。

《电子商务法》第二十二条规定：电子商务经营者因其技术优势、用户数量、对相关行业的控制能力以及其他经营者对该电子商务经营者在交易上的依赖程度等因素而具有市场支配地位的，不得滥用市场支配地位，排除、限制竞争。这对于中小型电商经营者更具保护意义。

（6）经营者档案需要定期检验更新，电子商务平台责任更大。

《电子商务法》第二十七条规定：电子商务平台经营者应当要求申请进入平台销售商品或者提供服务的经营者提交其身份、地址、联系方式、行政许可等真实信息，进行核验、登记，建立登记档案，并定期核验更新。这意味着开店后如果出现商标失效、转让等情况，店铺随时可能被清退，而不是等到每年续签时。

（7）竞价排名要显著标明"广告"。

《电子商务法》第四十条规定：电子商务平台经营者应当根据商品或者服务的价格、销量、信用等以多种方式向消费者显示商品或者服务的搜索结果；对于竞价排名的商品或者服务，应当显著标明"广告"。

（8）价格标错也算数，契约精神得到彰显。

《电子商务法》第四十九条规定：电子商务经营者发布的商品或者服务信息符合要约条件的，用户选择该商品或者服务并提交订单成功，合同成立。当事人另有约定的，从其约定。电子商务经营者不得以格式条款等方式约定消费者支付价款后合同不成立；格式条款等含有该内容的，其内容无效。如卖家因设置错误，将价值数千元的计算机标价为一元，只要被拍下并付款，订单即有效。

（9）跨境电子商务便利化水平提升。

《电子商务法》第七十一条、第七十二条规定：国家促进跨境电子商务发展，建立健全适应跨境电子商务特点的海关、税收、进出境检验检疫、支付结算等管理制度，提高跨境电子商务各环节便利化水平，支持跨境电子商务平台经营者等为跨境电子商务提供仓储物流、报关、报检等服务。跨境电子商务经营者可以凭电子单证向国家进出口管理部门办理有关手续。这意味着跨境电子商务在海关、税收、检验检疫等方面的便利化水平大大提高。

2. 全面保障消费者权益

消费者的权益保障，在《电子商务法》中得到了更为全面具体的体现。《电子商务法》从平台义务、发票问题、押金退还等多个维度，给出了明确规定。

（1）对大数据"杀熟"现象进行遏制。

《电子商务法》第十八条规定：电子商务经营者根据消费者的兴趣爱好、消费习惯等特征向其提供商品或者服务的搜索结果的，应当同时向该消费者提供不针对其个人特征的选项，尊重和平等保护消费者合法权益。简单地说，如果担心大数据"杀熟"，可以拒绝个性化推荐，而选择相对固定的搜索结果呈现方式。

（2）网购"索要发票难"问题有望成为历史。

《电子商务法》第十四条规定：电子商务经营者销售商品或者提供服务应当依法出具纸质发票或者电子发票等购货凭证或者服务单据。电子发票与纸质发票具有同等法律效力。这就从法律层面上，明确了电子商务购物过程中的发票事宜，以后哪怕是到淘宝集市店铺购物，消费者也可索要发票。

（3）处理押金退还等事宜将更为便捷。

《电子商务法》第二十一条规定：电子商务经营者按照约定向消费者收取押金的，应当明示押金退还的方式、程序，不得对押金退还设置不合理条件。消费者申请退还押金，符合押金退还条件的，电子商务经营者应当及时退还。这意味着消费者的押金退还不会再遥遥无期或处处受阻。

（4）更改订单信息等更为方便。

《电子商务法》第二十四条规定：电子商务经营者应当明示用户信息查询、更正、删除以及用户注销的方式、程序，不得对用户信息查询、更正、删除以及用户注销设置不合理条件。这意味着酒店入住日期填错不让更改而被扣全款等现象将会得到有效遏制。

（5）接收快递时，现场验货受到法律保护。

《电子商务法》第五十二条规定：电子商务当事人可以约定采用快递物流方式交付商品。快递物流服务提供者为电子商务提供快递物流服务，应当遵守法律、行政法规，并应当符合承诺的服务规范和时限。快递物流服务提供者在交付商品时，应当提示收货人当面查验；交由他人代收的，应当经收货人同意。这意味着买家现场拆包验货得到了法律保护。

3. 明确电子商务平台的责任与义务

《电子商务法》对于电子商务平台的责任与义务做了更为清晰与严格的界定，如平台交易规则等更改需要公示七天以上、不得删除评价、电子商务订单至少要保存三年等,对电子商务平台经营者提出了一系列新要求。

(1)电子商务平台有义务保障消费者的人身财产安全,否则将承担连带责任。

《电子商务法》第三十八条规定:电子商务平台经营者知道或者应当知道平台内经营者销售的商品或者提供的服务不符合保障人身、财产安全的要求,或者有其他侵害消费者合法权益行为,未采取必要措施的,依法与该平台内经营者承担连带责任。对关系消费者生命健康的商品或者服务,电子商务平台经营者对平台内经营者的资质资格未尽到审核义务,或者对消费者未尽到安全保障义务,造成消费者损害的,依法承担相应的责任。如之前屡被提起的乘坐顺风车时发生的人身安全事件,网约车平台的责任无可推卸。

(2)电子商务订单等信息可追溯,至少保存三年。

《电子商务法》第三十一条规定:电子商务平台经营者应当记录、保存平台上发布的商品和服务信息、交易信息,并确保信息的完整性、保密性、可用性。商品和服务信息、交易信息保存时间自交易完成之日起不少于三年。同时规定电子支付服务提供者应当向用户免费提供对账服务以及最近三年的交易记录。

(3)更改平台交易规则等,应公开征求意见且至少公示七日。

《电子商务法》第三十四条规定:电子商务平台经营者修改平台服务协议和交易规则,应当在其首页显著位置公开征求意见,采取合理措施确保有关各方能够及时充分表达意见。修改内容应当至少在实施前七日予以公示。这对电子商务平台经营者随意更改交易规则等做了有效限制,依附于平台的电子商务经营者、消费者的权益得到了进一步保护。

(4)电子商务平台不得对交易价格等附加不合理限制,卖家自主权得到提升。

《电子商务法》第三十五条规定:电子商务平台经营者不得利用服务协议、交易规则以及技术等手段,对平台内经营者在平台内的交易、交易价格以及与其他经营者的交易等进行不合理限制或者附加不合理条件,或者向平台内经营者收取不合理费用。这意味着销售商被平台挟持、要求限定价格销售,或每逢促销活动、平台间互相竞争而牺牲销售商利益等现象,将得到有效遏制。

(5)信用评价体系将更加健全,平台不得删除评价。

《电子商务法》第三十九条规定:电子商务平台经营者应当建立健全信用评价制度,公示信用评价规则,为消费者提供对平台内销售的商品或者提供的服务进行评价的途径。电子商务平台经营者不得删除消费者对其平台内销售的商品或者提供的服务的评价。

(6)知识产权保护力度加大,假冒伪劣产品的生存空间将进一步受到挤压。

《电子商务法》第四十一条至第四十五条明确了电子商务平台经营者有关知识产权保护的义务与责任,假冒伪劣产品的生存空间将进一步受到挤压。其中,第四十五条的规定尤为严格：电子商务平台经营者知道或者应当知道平台内经营者侵犯知识产权的，应当采取删除、屏蔽、断开链接、终止交易和服务等必要措施；未采取必要措施的，与侵权人承担连带责任。

4. 促进电子商务行业发展

《电子商务法》除了对网购用户、电子商务经营者、电子商务平台经营者的权利、义务、责任等做了明确规范，也从法律层面上规范并促进了我国电子商务行业的发展。

（1）电子商务地位明确，被纳入国民经济和社会发展规划。

《电子商务法》第六十四条、第六十五条规定：国务院和省、自治区、直辖市人民政府应当将电子商务发展纳入国民经济和社会发展规划，制定科学合理的产业政策，促进电子商务创新发展。同时规定，国务院和县级以上地方人民政府及其有关部门应当采取措施，支持、推动绿色包装、仓储、运输，促进电子商务绿色发展。

（2）线上线下地位平等、融合发展。

《电子商务法》第四条、第六十七条规定：国家平等对待线上线下商务活动，促进线上线下融合发展，各级人民政府和有关部门不得采取歧视性的政策措施，不得滥用行政权力排除、限制市场竞争。同时，《电子商务法》还支持电子商务与各产业融合发展。

（3）电子商务体系化建设将得到长足发展。

《电子商务法》第三条、第五十八条、第六十六条、第七十条等规定：推动电子商务诚信体系建设，鼓励电子商务平台经营者建立商品、质量担保机制，加强电子商务标准体系建设，支持开展电子商务信用评价等。

（4）对电子商务经营者的责任与义务做了清晰界定。

《电子商务法》第五条规定：电子商务经营者从事经营活动，应当遵循自愿、平等、公平、诚信的原则，遵守法律和商业道德，公平参与市场竞争，履行消费者权益保护、环境保护、知识产权保护、网络安全与个人信息保护等方面的义务，承担产品和服务质量责任，接受政府和社会的监督。

（5）行业组织效能提升，推动协同管理体系建设。

《电子商务法》第七条、第八条指出：国家建立符合电子商务特点的协同管理体系，推动形成有关部门、电子商务行业组织、电子商务经营者、消费者等共同参与的电子商务市场治理体系。同时，对电子商务行业组织的工作开展提出了指导性意见。

（6）电子商务在精准扶贫、农村经济发展等方面的价值更加凸显。

《电子商务法》第六十八条规定：国家促进农业生产、加工、流通等环节的互联网技术应用，鼓励各类社会资源加强合作，促进农村电子商务发展，发挥电子商务在精准扶贫中的作用。

（7）交易安全与公共数据共享将早日到来。

《电子商务法》第六十九条规定：国家维护电子商务交易安全，保护电子商务用户信息，鼓励电子商务数据开发应用，保障电子商务数据依法有序自由流动。国家采取措施推动建立公共数据共享机制，促进电子商务经营者依法利用公共数据。建设公共数据共享平台，有助于治理目前各平台、机构用自有数据自说自话的乱象。

（8）我国电子商务将迎来国际化时代。

《电子商务法》第七十三条规定：国家推动建立与不同国家、地区之间跨境电子商务的交流合作，参与电子商务国际规则的制定，促进电子签名、电子身份等国际互认。从法律层面推动了我国电子商务的国际化发展。

（9）明确惩戒措施，提高违法经营成本。

《电子商务法》第六章详细规定了电子商务经营者、电子商务平台经营者的法律责任，并明确了惩戒措施，如电子商务经营者未在首页显著位置持续公示证照信息等，可被处以一万元以下的罚款；电子商务平台经营者修改交易规则未在首页显著位置公开征求意见，未按照规定的时间提前公示修改内容，或者阻止平台内经营者退出的，由市场监督管理部门责令限期改正，可处以两万元以上十万元以下的罚款；情节严重的，处十万元以上五十万元以下的罚款。

二、与电子商务相关的其他法律法规

1.《网络交易管理办法》

《网络交易管理办法》是为规范网络商品交易及有关服务行为，保护消费者和经营者的合法权益，促进网络经济持续健康发展而制定的。经原国家工商行政管理总局局务会审议通过，于 2014 年 1 月 26 日以国家工商行政管理总局令第 60 号文件发布，自 2014 年 3 月 15 日起施行。该办法要求网络商品经营者销售商品后，消费者有权自收到商品之日起七日内退货，且无须说明理由；鲜活易腐、定做等四类商品除外。消费者的网购"后悔权"在法律和部门规章层面都获得支持。

2.《网络发票管理办法》

为加强普通发票管理，保障国家税收收入，规范网络发票的开具和使用，国家税务总局制定的《网络发票管理办法》经 2013 年 1 月 25 日第 1 次局务会议审议通过，在 2013 年 2 月 25 日以国家税务总局令第 30 号文件公布，并于 2018 年做了修正。

3.《快递市场管理办法》

2008 年，为加强快递市场管理，维护国家安全和公共安全，保护用户合法权益，促进快递服务健康发展，依据《中华人民共和国邮政法》及有关法律、行政法规制定了该办法，修订之后的办法于 2012 年 12 月 31 日经交通运输部第 10 次部务会议通过，2013 年 3 月 1 日起正式施行。

本 / 章 / 小 / 结

电子商务是交易当事人和其他参与人利用现代信息技术和互联网所进行的各类商业活动。本章主要介绍电子商务的发展历程、电子商务的交易模式、电子商务的技术基础和电子商务相关法律法规。通过学习，应能够掌握电子商务的交易模式、电子商务相关法律法规，懂得如何运用法律保护自身合法权益。

思考与练习

1. 调研服装企业（如耐克、茵曼、优衣库、雅戈尔）在电子商务交易模式方面的运用情况。

2. 查询相关资料，了解物联网、移动网络、大数据等新技术对电子商务的发展所产生的影响。

3. 结合《电子商务法》，谈谈电商平台的责任与义务。

第二章
服装电子商务概述

章节导读　传统的服装行业与电子商务相结合，使服装行业的设计、生产、营销等发生重大变化。随着互联网的发展，服装电子商务的崛起标志着一种新型的服装商务模式的产生，提高了我国服装行业的竞争力。本章对服装行业和服装电子商务进行了总体的论述。

第一节　服装电子商务

互联网的发展推动了电子商务的快速成长，电子商务已经成为 21 世纪商务发展过程中不可替代的商业模式。传统的服装行业与电子商务结合后，使服装的设计、生产以及销售等产生巨大变化，提高了服装行业的竞争力。

服装电子商务主要是指通过计算机和互联网技术进行的服装设计、生产以及营销活动。服装电子商务不仅包括网上贸易，还包括利用电子信息技术来解决实际问题、降低成本、增加价值和创造商机等服装商务活动，如通过互联网技术实现从原材料查询、采购、服装产品展示、订购到服装产品储运及电子支付等一系列贸易活动。

一、服装行业概述

1. 服装行业的特点

（1）服装行业是一个劳动密集型产业。

服装行业的加工和生产组织过程不需要大型复杂的机械设备，可以在较少的资本投入下运营。尽管近年来高新技术和先进的生产组织方式不断得到应用,但绝大多数企业仍未脱离传统的模式,这就使得服装行业对劳动力成本尤为敏感。

(2)服装行业缺乏经济规模效应。

这是由较少的资产投入及加工过程中相对的独立性和分散性所致的。

(3)服装生产流程长。

尽管服装本身加工流程不长,但如果涉及纺纱、织造、印染甚至新型纤维的生产,制造周期往往较长。

(4)服装市场流行周期短。

这不仅表现在时装季节的变化,也表现在时装季节此一时彼一时的差异,这种快速变化给服装行业带来了无限的机会,也给企业经营带来了风险。

(5)服装市场的多样性。

服装市场的多样性决定了服装行业经营模式是小批量、多品种,以此满足各种不同细分市场的需要。

(6)服装具有附加价值。

服装的实际意义已经超出了满足遮体、御寒等生理需求的范畴,从美学意义延伸出文化价值,从象征意义延伸出社会价值,也使得服装的附加价值反映到实际的服装销售价格中。

(7)与服装相关的产业多。

服装产业除了与纺织、零售有关,还与皮革、化工、珠宝加工、出版、信息、服务和文化娱乐等有着密切联系。

2. 我国服装行业的特点

我国是世界上较大的纺织服装生产国、消费国和出口国之一,但还称不上世界服装业强国。我国的服装行业还属于传统制造行业,整个行业有以下特点。

(1)我国的服装企业以加工型为主。

国家统计局数据显示,2018年服装行业规模以上企业累计完成服装产量222.74亿件,同比下降3.36%,比2017年同期回落0.75%。其中梭织服装111.57亿件,同比下降3.10%;针织服装111.17亿件,同比下降3.62%。从梭织服装各品类产量来看,羽绒服装、西服套装和衬衫产量呈不同幅度的下降,分别比2017年同期下降5.40%、2.39%和8.20%。

根据中国海关数据,2018年我国累计完成服装及衣着附件出口1576.33亿美元,同比增长0.30%,比2017年同期提升0.70%。其中,针织服装出口表现优于梭织服装,我国针织服装及衣着附件出口额达733.35亿美元,同比增长2.10%,梭织服装及衣着附件出口额为713.02亿美元,同比下降2.90%。

中国相对较低的劳动力成本，吸引了国外众多的知名品牌把服装加工的订单给到中国企业。我国的服装企业，大多以加工业务为主，或出口，或内销。面对绿色贸易壁垒以及新型贸易保护等挑战，加上中国劳动力成本不断上升，这就要求服装企业不断转型升级，促进信息技术和工业技术融合发展，培育产业发展新动能，顺应新形势、适应新市场、引领新需求，推动服装产业向高端化、品牌化、信息化和智能化方向发展。

（2）产品附加值不高。

2018年以来，全国服装类商品零售价格指数和居民衣着类消费价格指数延续了2017年的温和增长态势，而衣着类生产者出厂价格指数比2017年同期有所回落。国家统计局数据显示，2018年1—12月全国服装类商品零售价格同比上涨1.30%，较2017年同期提高0.20%；居民衣着类消费价格同比上涨1.20%，较2017年同期回落0.10%。

国家统计局数据显示，2018年1—12月，我国居民人均可支配收入实际增长6.50%，人均消费支出实际增长6.20%，均高于人均GDP的增长水平。同期，全国居民人均衣着消费支出为1289元，同比增长4.10%，在消费支出中的占比为6.49%，而生活用品及服务、交通通信、教育文化娱乐、医疗保健类支出分别增长9.10%、7.10%、6.70%、16.10%，增速均高于衣着消费支出。

总之，服装产业结构中低档产品占比较大，高附加值产品占比少，没有引导时尚和潮流的能力，在服装品牌经营、服装设计、服装品质等方面创新能力不足。

（3）服装行业新的发展特点。

面对国内外市场形势复杂多变，以及消费升级、综合成本上升、市场竞争日趋激烈等多重压力，我国服装企业紧紧抓住新技术、新模式、新业态的变革机遇，不断转型升级，推动服装产业呈现新的发展特点。

①聚焦时尚，提升产品研发能力。男装品牌在产品研发、品质提升和品牌发展方面取得发展。女装品牌向品质化、集团化、多品牌方向发展，进一步强调市场细分化、差异化，不断提高市场影响力。童装品牌借国家二孩政策之东风，呈现爆发增长态势，不断加强设计与研发投入，优化产品结构。

②服装新技术提供发展新动力。随着互联网技术的发展，服装企业纷纷对生产制造体系、供应链管理系统和仓储物流配送系统进行数字化、网络化和智能化升级，以降低成本、提高效率。大数据分析、物联网、移动支付等信息技术日益成熟，充分利用大数据对消费者进行图像分析，从而实现柔性化生产与个性化定制。

③线上线下融合发展。越来越多的线上服装品牌走向线下，线下服装品牌也开始线上引流。围绕"用户体验""消费场景"做文章，通过"网红"、直播等新媒体营销模式向消费者推送信息，提升消费者的参与度和品牌的知名度，以此来打造服装品牌文化，发展服装行业"粉丝经济"。

④国际合作发展空间广阔。在国家"一带一路"倡议的号召下，服装企业以此为契机，更加紧密地参与到全球服装产业链的构成中，部分服装企业将营销网络、物流渠道与研发中心拓展到国际市场，通过优化生产、研发、物流、配送、营销各个环节的资源配置，有效地整合了国内、国外两个市场。

> **小贴士**
>
> 目前我国服装企业的经营模式主要有三种，分别为贴牌代工模式、自主品牌模式、资产运营模式。
>
> 贴牌代工模式下，处于产业链附加值较低环节的制造企业在拥有纺织原料和劳动力价格优势的同时，受制于设计水平、管理水平等因素，只能为国际和国内品牌服装企业做生产加工。
>
> 自主品牌模式涉及较多的产业链节点。采用这种经营模式的服装企业，首先具备一定的市场需求分析能力和产品开发设计能力，同时能够全部或部分通过自有生产线和生产设备进行生产，最后通过自己的营销网络销售自主品牌的产品。
>
> 资产运营模式指的是企业保留轻资产运营环节而放弃需要耗费大量资金而附加值低的重资产经营环节，或者企业通过某种方式利用轻资产运营环节获取重资产运营环节。其与前两种运营模式的不同之处在于企业已经将产品制造和零售分销业务完全外包，自身专注于设计开发和市场推广等业务。

二、我国服装电子商务的发展

服装是每个人的生活必需品。我国是服装生产大国，也是服装出口和消费大国。服装行业不同于其他行业，产品多样化与需求个性化表现得尤为突出，呈现出"多品种、少批量、高品质、快交货"的特点。这就要求服装企业在设计、生产、销售过程中具有快速反应的能力，而电子商务能够很好地为整个服装行业提供平台。

随着网络的不断普及、网民人数的不断增加以及网上用户消费能力的增强，电子商务作为一种商务模式，无论对消费者、服装企业还是市场都有着巨大的吸引力和影响力。在我国经济的快速发展趋势下，服装电子商务具有非常大的发展空间。

1. 我国服装电子商务的发展阶段

通过对《2017—2018中国纺织服装产业互联网发展报告》的整理，纵观我国服装电子商务行业发展过程,大致可将我国服装电子商务的发展分为六个阶段,分别是孕育期、起步期、发展期、成熟期、爆发期和稳定期,如图2-1所示。

图2-1　我国服装电子商务发展阶段

(1)孕育期。

20世纪90年代末至2003年,我国服装电子商务处于孕育阶段,人们对电子商务有了初步的认识,并且开始尝试和探索,服装电子商务模式主要以B2B为主。1994年初我国服装企业开始参与电子商务;1995年,原国家经贸委和原纺织工业部正式下文批准开展服装电子贸易的立项申请,拉开了我国服装电子商务的大幕;到1999年,我国已经有几百家服装企业涉足电子商务领域。

(2)起步期。

2003—2005年,是我国服装电子商务的起步和培育阶段,服装电子商务模式主要以C2C为主。2003年SARS的暴发改变了人们的消费方式,人们不得不采用当时很少用的网上购物方式,加上淘宝网投放大量广告所产生的效应,使得越来越多的人认识了网购并积累了大量用户,服装服饰类产品成了网络热销的产品之一。

(3)发展期。

2005—2007年,是我国服装电子商务的重要发展阶段。传统服装零售与电子商务相结合,开创了服装电子商务B2C的模式。2007年成立的凡客诚品(VANCL),借鉴并优化PPG的轻公司模式,将产品生产业务全部外包,着力打造电子商务服饰品牌和平台,采用垂直营销理念,通过大规模投放广告打开市场,以电子商务平台为销售渠道,配合高效、完善的配送系统,为消费者提供高品质的服装产品与服务保障。

(4)成熟期。

2007—2011年,我国服装电子商务逐步进入发展成熟阶段,服装服饰类商品成为网购的第一大销售商品,涌现出一批知名的网络服装品牌。从2007年开始,我国的知名网络服装品牌大幅度增加,其中规模较大的有凡客诚品、若缇诗、欧莎、裂帛、七格格、玛萨玛索、梦芭莎、螃蟹秘密和兰缪等。

(5)爆发期。

2011—2012年,我国服装电子商务进入爆发期。传统服装企业纷纷进军互联网领域。以李宁、红豆、美特斯·邦威、以纯、GXG等为代表的一大批传统服装企业纷纷拓展线上渠道,进入电子商务领域。

（6）稳定期。

2012年以来，我国服装电子商务发展步入成熟稳定期。服装网购市场规模保持平稳增长，并呈现持续放缓的趋势。服装电子商务也拓展出O2O、C2B、C2M等新模式，伴随虚拟仿真技术、3D虚拟试衣等新技术的发展，移动终端给服装电子商务带来更大的应用场景与发展机遇，如阿里巴巴推出的Buy+等。在这一阶段，服装电子商务紧紧围绕高质量发展要求，转变经营管理模式、加强供应链管理、加快线上线下融合速度，全面向品牌化、专业化、智慧化发展之路迈进。

2. 我国服装电子商务的发展态势

服装电子商务的发展对中小服装企业的生存发展具有重要作用，有必要分析服装行业开展电子商务的态势，从而规避风险、找寻机会。下面采用经典的态势分析法（SWOT）来分析服装电子商务发展的优势、劣势、机会和挑战。

（1）优势。

①宏观环境整体较好。国家重视"互联网+"的发展，地方政府在税收政策等方面给予一定优惠与支持，国民消费能力逐步提高、网民网购习惯逐渐培养、网购用户渗透率不断提升，加上网络基础设施大幅改善，诸如支付、供应链管理等电子商务配套系统解决方案逐渐丰富和完善，这为服装企业电子商务化奠定了良好的发展基础。

②快时尚服装与电子商务模式一拍即合。当前服装生产具有"多品种、小批量"的特点，这种模式要求服装设计、生产、销售过程高度自动化和具有快速反应的能力。时尚的快速变化要求服装企业实时跟踪市场行情，预见客户需求变化，迅速对客户要求做出反应。电子商务通过对用户兴趣的调查和客户反馈信息的搜集，恰恰为企业实现这一目标提供了低成本的技术手段。据了解，随着服装类品牌在电子商务领域的迅速发展，传统品牌服装企业加速了发展电子商务的步伐，目前仅阿里巴巴平台上就有超过5000家传统服装企业通过不同形式开展网上直销，电子商务已成为服装企业降低成本、拓展渠道、增加销量及树立品牌的最佳选择。

③服装电子商务利于服装供应链的优化与发展。要从根本上解决服装业的库存问题，还要从库存产生的根源——供应链着手，最大限度地"预防"库存产生。服装业的库存问题不能仅仅归因于库存本身，很大程度上是服装供应链的运作不畅造成的。可能的出路是探索并改变传统服装企业的分工组织方式、业务流程关系，运用供应链管理技术手段，充分释放存量资源效能，提高资源配置效率，努力开发、探索适应服装市场"多品种、小批量、短交期"要求的新型业态。基于上述需求，加上电子商务对服装行业及其零售终端渠道的冲击，发展服装电子商务，不仅优化了产业链的中间环节，更改变了人们对服装产品的消费习惯，触动了服装行业进行"触网"的转型升级。

④服装企业有一定的信息化基础。在激烈的市场竞争下，服装企业经过自身的发展，

> Buy+是阿里巴巴于2016年推出的全新购物方式，使用VR（虚拟现实）技术，利用计算机图形系统和辅助传感器，生成可交互的三维购物环境。

信息化水平有了长足的发展,引进服装 CAD、ERP、SCM 和 CRM 等系统,提高企业信息化管理水平,这也为开展服装电子商务提供了基础的信息和技术保障。

(2)劣势。

①虚拟环境缺乏现实感,用户购物体验不够完美。绝大多数消费者认为在虚拟环境下进行网购缺乏现实感,用户购物体验不够好。例如网上购买的服装存在色差,如果退货,意味着等待时间加长。

②产品同质化,竞争激烈,赢利能力下滑。服装企业在产品设计、生产、销售、品牌、营运等方面经过多年的发展,整体流程、人才培养、资源拓展等方面的架构都已经相当成熟,因此品牌复制相当容易。同类企业的同质化产品挤占市场,竞争由蓝海快速进入红海,服装企业的获利能力严重下滑。

③服装企业开展电子商务的人才不足。从事服装电子商务的人才是熟悉服装电子商务软件,懂得企业管理软件,掌握数据分析技能又理解网络营销的复合型人才。我国各院校电子商务专业目前没有非常完善的配套制度和教学设施,人才培养定位不够准确,与服装企业实际用人需求有一定差距。

(3)机会。

①网民数量和网购人数不断增加。根据中国互联网络信息中心发布的数据,截至 2018 年 6 月,中国网民达到 8.02 亿,其中手机网民有 7.88 亿。社会生活节奏越来越快,人们没有大量的时间到商场去采购服装,更加倾向于选择网购,这为服装企业提供了更大的市场空间。三、四线城市渠道下沉,服装网购潜力大。面对一、二线城市相当一部分市场已被国际快时尚品牌占据的现状,在城镇化建设速度加快的今天,服装企业可把三、四线城市作为其业务增长的新突破口。三、四线城市在渠道选择上并不如一、二线城市丰富,加上互联网基础设施的不断完善,具有较大的服装网购消费空间,潜力巨大。

②服装电子商务能够更好地将消费者需求融入产品设计。在服装行业,一款服装从设计到打样,从市场推广到销售,都需要一定的资金成本投入,而且服装必须在投放市场前就完成批量生产,有了存货才能进行销售,保证发货时间。但是如果新款服装投放市场后销售受阻,就会形成大量的货物囤积,直接带来资金压力。很多快时尚品牌基于大数据,快速了解消费者需求,完成了互联网升级的转型。我们熟悉的 NIKE、ZARA 等品牌都将这一做法融入自己的产品规划当中。

③个性化定制成为服装企业发展新方向。个性化定制是"互联网+"的一个重要趋势。原来服装企业与消费者的沟通途径不畅,个性化需求不能被满足。现在互联网让企业与消费者的沟通更容易实现,生产也可以实现个性化、定制化。随着互联网第一批用户的年龄增长,网上零售也开启了高品质的机会窗口。对服装消费而言,高品质、个性化是新的需求,而传统服装定制一直存在价格昂贵、定制周期长、消费者认知度低、消费频

次低等消费"痛点"。基于互联网思维，从客户需求出发，采用按需定制模式的互联网服装定制应运而生。

④众筹设计让服装产业显现新时尚。众筹设计通过互联网电商平台，把满足消费者需求的产品设计出来，顾客和企业一起完成产品设计，这也是研究用户思维与提升用户参与感的体现。

（4）挑战。

①消费者的消费习惯。服装购买的过程体验现在还很难在网上体现出来，同时电子商务中的信息、支付等方面的安全和信誉失控事件时有发生，让消费者面对网购时犹豫不决。

②服装企业应变能力差。目前，我国服装企业的快速反应能力、产品研发能力和创新能力尚不完备，面对国外厂商、品牌的冲击，易受较大影响。

3. 我国服装电子商务发展的特点

我国服装电子商务无论是在网购规模、交易规模，还是在专业电子商务网站和专业市场的转型升级等方面的发展都呈现上升态势。服装网络零售市场品牌化趋势明显，网民的网购行为愈加成熟，消费升级和社会转型在推动零售商业模式转型的同时，也将为服装企业带来诸多困扰和新的商业机会。服装电子商务在发展的同时表现出以下特点。

（1）服装电子商务 B2B 模式发展良好。

《2017—2018 中国纺织服装产业互联网发展报告》数据显示，2017 年纺织服装行业电子商务交易总额为 5.28 万亿元，同比增长 18.65%，占全国电子商务交易总额的 18.11%。其中，纺织服装企业间（B2B）电子商务交易额为 4.09 万亿元，同比增长 18.55%；以服装服饰、家用纺织品为主的网络零售总额为 1.18 万亿元，同比增长 20.08%，占全国实物商品网络零售总额的 21.58%。

（2）专业市场加速智慧化转型。

随着互联网、物联网、云计算、无线宽带等新一代信息技术快速发展，以及智慧城市、新零售等创新概念的出现，传统专业市场正在酝酿转型升级，运用大数据、云计算等前沿技术，搭建智慧化平台，实现数据化、线上化，推动"智慧型市场"的建设。智慧物流快速发展，为企业的转型升级提供了强有力的保障。

由于纺织服装专业市场朝智慧化方向发展，使新一代信息技术等高级生产要素应用于专业市场，带动了产业人力资源生产要素质量的提升；推动了信息化基础设施建设，促进了智能化设备设施、智能监测等信息技术的应用，构建智慧化场地；完善了市场数据采集和监测体系，深化了信息资源共享利用，构建智慧化场所；搭建了智能搜索、智能信息推送等公共服务平台，促进了消费信息向产业链的即时传导，构建智慧场景。

"互联网+"时代，原辅料、产能、设计这些纺织服装行业重要元素在互联网上形成巨大的产业生态圈，利用互联网的特性、大数据和云计算的集成与分析功能、电子商务的便捷制定变革蓝图，实现网络精准营销和在线服务，有效满足多元化、多层次的市场需求，是纺织服装行业向价值链高端延伸的重要途径。

（3）移动电子商务在服装行业应用广泛。

移动端成交额已占到行业总体销售额一半以上，服装行业移动端的销售额也呈现迅猛增长趋势。同时，基于智能手机的App终端应用蓬勃兴起，它们被认为是移动互联网改造传统行业的开端。移动社交电商平台近年来异军突起，较受资本青睐，产品系统完备且互联网运营、营销经验丰富，分销渠道在保证零库存的同时，有效集聚流量并促进转化购买，引领着行业的发展方向。

（4）服装"网红"经济大显身手。

虽然"网红"经济已成常态，"网红"们对粉丝强大的号召力，也让不少传统服装企业希望借助与"网红"之间的合作，迎来品牌销售的高峰。通过借助"网红"推广品牌单品，的确对一些服装企业的销售额起到一定的带动作用。不少服装品牌的创始人纷纷开始自己做起了"网红"。服装品牌与"网红"之间稳定有序的合作，对品牌聚集客户、实现精准推广、赢得持续关注起到巨大帮助，未尝不是一个有效的发展手段。

（5）大数据助推服装电子商务发展。

服装行业"大而全"的时代已经过去，对客户群精准定位，做进一步的市场细分，生产高度个性化的产品让国内服装行业进入洗牌期。在此市场环境下，互联网以及大数据将改造传统封闭性的制造系统，让精准对接消费者需求成为可能。面对电子商务发展的大趋势，传统零售行业下滑的形势，传统服装企业必须谋变，将传统制造业的优势与互联网思维相结合，抓住服装行业新的发展机会。大数据对服装电子商务的发展有重要的意义，比如国内各个地区市场对服装产品的需求会有所差别，以往服装铺货的过程中拼的是经验，但是通过大数据，可以详细了解各个地方市场的实际差异，从而有针对性地投放产品。

（6）时尚智能服装得到发展。

近些年，智能风蔓延到了服装市场，基于大数据、物联网等层面的新技术创新应运而生的智能服装，正在逐渐成为未来服装行业的一个关键"风口"。不少品牌都纷纷尝试智能服装：以polo衫成名的Ralph Lauren（拉尔夫·劳伦）设计了一款可检测用户心率、呼吸频率的智能T恤，柒牌也已经全面进军智能时尚领域。

总之，服装电子商务的发展给我国纺织服装行业带来历史性发展机遇的同时，也带来一定的挑战。服装产业要想长期发展，必须转变思路，与其被动适应新变化，不如主动去迎合新变化，拥抱互联网的发展，以服装电子商务的发展为契机，提升产品价值和质量，用专业态度和追求极致的工匠精神做产品。

第二节 服装电子商务的现状

服装企业的电子商务应用正从粗放发展逐步转变到注重管理、提升运营品质和产品质量的企业经营本质上来，在品牌发展、运营效益上得到快速提升。大型服装企业紧紧围绕消费者需求，在服装运营管理、产品设计、质量监控、商品展示、物流管理和售前售后服务上做到精耕细作、精益求精。中小服装企业在政府和市场的组织下，通过与知名电子商务平台合作，抱团开拓网络市场。

随着移动互联网、大数据和云计算等技术的深入应用，服装企业更加注重信息化、自动化、智能化技术的应用。大型服装企业的电子商务应用意识逐渐增强，采取信息化手段完善供应链管理，网络采购和网络销售的比重不断提高。而网络分销是中、小、微企业开展企业间电子商务合作的重要方式，即企业通过拍摄产品图形成数据包，供网络销售商在电子商务平台分销或零售。

一、我国服装电子商务现状

电子商务服务模式和服务能力的不断提升，促进了服装企业电子商务的快速发展。我国服装企业主要以网上信息发布、网上交易、网上销售、企业信息化管理以及提供其他增值服务等方式开展电子商务活动。我国服装企业电子商务发展的基本现状如下。

1. 用户规模大

互联网信息技术的发展促进了电子商务的发展，而网络的普及也造就了一定数量的网民，如图 2-2 所示。

我国网民以少年、青年和中年群体为主。截至 2018 年 6 月，10～39 岁网民群体占总体网民的 70.80%。其中 20～29 岁的网民占比最高，达 27.90%；10～19 岁、30～39 岁网民群体占比分别为 18.20%、24.70%，与 2017 年末基本保持一致。30～49 岁的中年网民群体占比由 2017 年末的 36.70% 扩大至 39.80%，互联网在中年人群中的渗透加强，如图 2-3 所示。

互联网基建设施不断完善，互联网服务持续渗透，网民规模保持稳定增长。同时，互联网与其他产业进一步融合，出行、环保、金融、医疗、家电等行业与互联网融合程度加深，线下产业链根据线上服务的反馈调整产品、服务内容和服务方式，互联网服务向精细化方向发展。

2. 服装电子商务交易规模大

国家统计局有关电子商务交易平台的调查显示，2017 年全国电子商务交易额达

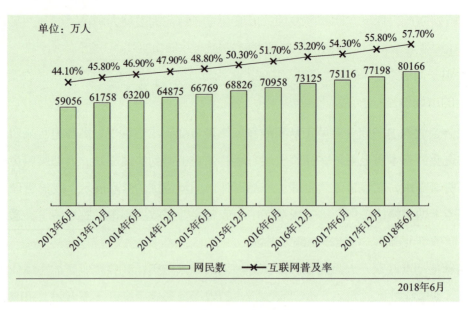

图2-2 中国网民规模和互联网普及率(来源：CNNIC)

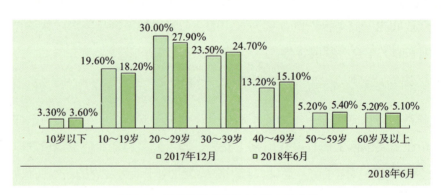

图2-3 中国网民年龄结构(来源：CNNIC)

29.16万亿元，2018年全国电子商务交易额为31.63万亿元。

根据《2017—2018中国纺织服装产业互联网发展报告》显示，2018年纺织服装行业电子商务交易额保持稳定增长。如图2-4所示为纺织服装行业电子商务交易额。

图2-4 纺织服装行业电子商务交易额

由于网购的优惠价格及方便快捷的服务，网购日益成为大众化的消费行为，网络市场的巨大潜力吸引众多品牌服装企业抢滩登陆。在目前的服装电子商务市场上，除大型综合性电子商务外，邦购网、玛萨玛索、梦芭莎、凡客诚品等垂直服装电子商务也占据了一定的市场份额，而从运营模式上看，既有优衣库、绫致时装、红领集团、衣邦人等O2O电子商务，又有韩都衣舍、茵曼、裂帛、七格格等淘品牌，另外反向定制的C2M电子商务也崭露头角。

3. 服装电子商务信息服务不断加强

服装行业电子商务服务机构，以专业化、精准化的服务，为服装企业线上线下融合发展提供了重要支撑，服务质量不断提高。例如，中国东方丝绸市场把有形市场与无形市场有机地结合起来，线上运营与线下运营齐头并进，有效利用互联网渠道资源形成"组合拳"，推动地区企业抱团效应的形成与"互联网+服务"的融合落地。宜布网是全国首家线上推广交易、线下展示体验的纺织品电商平台，其推出的现货频道已拥有2万多种现货商品，近500个现货面料商铺，用户可以直接在平台上选购现货面料。支持手机支付，可实现24小时内发货，可更好地满足快时尚用户的要求，成功构建纺织品柔性供应链体系。另外，宜布网还拥有盛泽本部、广州中大、绍兴柯桥、杭州四季青等实体面料中心，实现面料原产地直销，提供质量好、供货快、价格低的纺织现货面料，满足了采购商的"快反"需求。

随着移动互联网、大数据和云计算等技术的深入应用，供应链互联网创新成为纺织服装行业推动供给侧结构性改革的重要引擎。例如，浙江濮院镇拥有全国最大的羊毛衫产业集群，集群内共有毛针织生产企业6000多家。建成了14个羊毛衫成衣交易区和5个配套市场，市场年成交额380亿元，物流货运量40.5万吨。不断完善的供应链互联网创新服务体系，提供从代运营、摄影、设计等配套服务到围绕信息、会展、金融、清库存等的专业服务，为集群的服装电子商务发展做出了重要贡献。又如，浙江青韧网络科技有限公司主要为当地传统企业提供运营服务；POP（全球）时尚网络机构是国内第一家专业提供时尚设计资讯的B2B网络平台，为设计师、工艺师提供产品开发所需的国际流行情报、趋势分析和款式设计素材等；中国毛纺织原料电子交易平台以现代化电子商务交易手段，整合国内纺织原料资源，搭建了集电子交易、实物交割、仓单质押贷款、质量保障于一体的电子交易市场。供应链各环节的联网专业化服务，提高了企业间的协同能力，促进了企业运行效率的提升。

4. 以新零售为契机，服装电子商务推动专业市场转型升级

新零售是2017年网络零售的热点，服装企业以互联网为依托，通过运用大数据、人工智能等先进技术手段，对服装商品的生产、流通与销售过程进行升级改造，进而重塑服装业态结构与生态圈，并对线上服务、线下体验以及现代物流进行深度融合。如服

装企业更加关注客户态度、个性等心理因素，以及个人生活习惯、爱好和消费习惯等相关数据，这些数据帮助服装企业更好地细分客户，创建高效、有针对性的广告，推广个性化营销信息，设计新产品，并探索新的发展机会。企业通过多种方式重塑互动平台，包括营销、社交媒体、管理商品和服务、配送及售后等，不仅是为了吸引客户的注意力，更重要的是多方面获取客户信息，形成有效的数据积累。同时，纺织服装企业通过多种销售渠道，在合适的时间给消费者推送个性化信息，提高产品销量。传统品牌企业更加重视网络渠道拓展，加快探索线上线下融合路径，如2016年双十一凭线上售罄而引流线下的优衣库，2017年更是把引流线下做到极致。从2017年11月11日凌晨开始，优衣库线下500多家门店正式开始"双十一"销售，截至11月11日24:00，优衣库门店自提和门店发货的销售数据，和平常的数字比较呈10倍以上增长。

以服装电子商务为代表的互联网创新应用正在成为推动纺织服装专业市场转型升级的重要工具。纺织服装专业市场运用信息技术和大数据平台，将电子商务等融入新的智慧型市场之中，革新理念、完善环境、创新模式、开拓渠道，摸索出一系列纺织服装专业市场电子商务解决方案。例如，广州国际轻纺城推出了图片搜索找布、网站分类搜索找布、微信求购找布等App应用，解决了不同场景下采购商的找布难题；广州白马服装市场研究推出阿发商品管理工具、阿宝会员管理工具、手机白马移动商城、白马支付等电商工具和平台，形成系统的电子商务发展新模式。

5. 服装电子商务公共服务进一步完善

电子商务已经成为纺织服装行业转型升级的重要推动力量，地方政府、产业集群、专业市场和商业协会等整合资源，加强电子商务公共服务，为服装企业应用电子商务打造良好的环境。

（1）强化电子商务培训，提高运营管理能力。

电子商务人才短缺一直困扰着纺织服装电子商务发展，2017年各地加强了电子商务人才引进与培育方面的工作，如武汉市汉正街市场管理委员会组织实施千名青年电子商务人才培训活动，持续举办"青年创业""网店实操""巾帼创业""电商助残"等特色培训班，分门别类地开展电子商务基础、操作及能力提升培训。虎门电商产业园积极引入各大院校、平台和企业资源，建立多个创新型研究院，举办公开培训活动，服务园区企业。

（2）加强服装电子商务平台建设，提高专业服务能力。

专业化的电子商务平台是产业集群、专业市场电子商务发展的重要力量，这些专业的电子商务平台植根本土，更加了解企业需求，以精准化、个性化服务得到认可。例如，杭州意法服饰城基于传统服装档口管理方式的特征以及亟待解决的运营难点，自主研发设计了数字信息化解决方案——掌柜帮系列软件。该软件是集管理、销售等多种功能于一体的创新型商户档口运营管理工具。采购商通过微信上的货品展示了解信息、预订下单，软件快捷、准确、及时地把采购商的需求传达给商户，深度融合了线上虚拟交易平台与线下实体档口，帮助商户开拓了线上销售渠道，打造全渠道营销。这些软件的研发成功，是互联网技术与传统纺织服装企业经营管理改造和提升需求相结合的产物，产品投放市场后，受到了企业用户的广泛好评。

（3）建设电子商务产业园区，提升行业影响力。

建设电子商务产业园区，已经成为纺织服装行业推进电子商务应用的重要手段。如纺织服装行业首批国家级电子商务示范基地之一——虎门服装电子商务产业园，2016年成立了东莞市电子商务公共服务中心、虎门电商运营中心，引进了阿里巴巴跨境电商镇区化运营中心、服装电子商务质量联盟等单位、团体，极大地提升了园区的综合实力及行业影响力。

如上所述，服装电子商务由高速增长向高质量发展转变，电子商务在推动服装行业转型升级方面发挥了重要作用。服装企业的电子商务应用水平进一步提高，更加注重渠道质量提升，品牌意识深化，线上线下快速融合；电子商务平台等机构的服务功能不断完善，服务能力进一步提高；各方面力量在服装电子商务人才引进与培育、商务与会展对接和技术支持等线下配套服务方面进一步加大发展力度。服装电子商务市场环境不断完善，热点和亮点不断涌现。

二、我国服装电子商务的发展趋势

服装电子商务综合运用计算机、通信和网络等技术，运营方式新颖独特，符合当今时代发展的需求。服装电子商务在增强服装舒适性、提高人们生活质量、改善人们劳动条件、满足某些特种行业和特种场合的需求方面，将继续发挥作用。同时，服装电子商务能提高产品附加值，引起人们的兴趣，促进消费。

1. 线上线下的无缝衔接

数据显示，96%的千禧一代在实体店购物时使用手机支付，手机等移动设备已成为千禧一代的"购物伴侣"。未来，线上线下的无缝衔接将成为新的消费趋势，而全渠道的服装企业与零售商将成为真正赢家。尽可能多的购物选择一方面拓宽了服装企业的销售渠道，另一方面也可以最大限度优化消费者的购物体验。

2. 服装电子虚拟社区

搭建服装电子虚拟社区，为年龄相仿、爱好相似、消费特征相近的网络用户提供一个聚会探讨的场所，方便相互交流和分享经验。该社区将年龄、性别、身高、体重、所在区域、喜欢的服装款式及风格等设置为必填信息，消费者进入需要先注册，并填入相应信息，计算机可以根据这些信息推荐相应的服装供消费者选择，同时对这些信息进行存档形成个人数据库。电子虚拟社区可以为消费者提供一个分享线下实体店信息的共享平台，同时提供流行资讯、搭配技巧等。

3. 互联网+服装定制

互联网+服装定制的模式目前还是一种新型定制方式，能够满足消费者对个性化服装的需求，定制速度快、价格低。服装在线定制是一种结合计算机数字技术、信息技术和网络技术的快速、低成本的为客户定制服装的生产模式。其模块可以分为尺寸定制、面料定制、款式定制、色彩定制、图案定制等，其中尺寸定制即商家根据顾客精确测量的尺寸为其制作合体服装，或顾客选择商家提供的标准化尺寸定制服装。

服装电子商务将会随着全球电子商务市场的发展向着进一步细分化、个性化、精准化的方向发展。电子商务所引发的按需定制生产、销售和消费的趋势，将会进一步促进具有个性化、定制化和特定细分市场特征的服装电子商务的发展。

4. 基于消费升级的技术革新

一方面，青年人群已成为社会消费的主力人群，这群人对科技有着密切的关注；另一方面，只有科技创新才能解决个性化需求与规模化工业生产之间的矛盾，才能顺应消费趋势。如虚拟现实技术和大数据的发展，为服装电子商务提供了发展的动力。

本 / 章 / 小 / 结

本章从服装行业的特点出发，阐述了我国服装电子商务的发展、现状以及发展中呈现的特点。应推进传统服装行业与电子商务的结合，深化信息技术和工业技术的融合发展，培育服装产业发展新动能，推动服装产业向高端化、品牌化、信息化和智能化方向发展，以提高我国服装行业的竞争力。

思考与练习

1. 介绍自己接触到的服装电子商务的具体应用。

2. 你认为未来中国服装电子商务的发展趋势是什么样的？

3. 浏览天猫、京东商城、唯品会、亚马逊等服装电子商务网站，从服装类目、价格、商品详情描述等方面进行对比分析，写一份分析报告。

第三章
服装网络市场分析

> **章节导读**
>
> 服装企业要想有效地实施电子商务，进行市场调研是必须的。市场调研是通过有目的地搜集、整理、分析和研究所有与市场有关的信息，把握市场的现状及发展态势。本章基于服装网络市场调研的方法和流程，通过多种路径对服装网络市场进行分析。

第一节 服装网络市场调研

服装市场调研指通过有目的地对一系列有关服装设计、生产和营销的资料、情报、信息的收集、筛选、分析来掌握市场的动向，把握市场趋势，并由此做出生产与营销决策，为服装设计、品牌策划、推广促销等提供市场依据，从而进入服装市场、占有市场，并实现预期的目的。

一、服装网络市场调研的内容

随着计算机技术与网络技术的不断发展，市场调研也逐渐向网络化的方向发展，与传统的市场调研相比较，网络市场调研有着一定的优势。服装电子商务是与网络市场紧密结合的，而且服装类商品常年稳居网络零售第一大品类宝座，因此，进行服装网络市场调研具有较强的实践和应用价值。

服装网络市场调研的内容主要有三个部分：市场需求容量调研、可控因素调研和不可控因素调研。

1. 市场需求容量调研

市场需求容量调研主要涉及对现有和潜在的市场需求容量、市场最大和最小需求容量、不同服装商品的需求特点和需求规模、不同服装市场空间的营销机会，以及竞争对手的现有市场占有率等情况的调查分析。

2. 可控因素调研

可控因素调研主要包括对服装产品、价格、销售渠道和促销方式等因素的市场调研。

（1）产品调研。

产品调研包括核心产品、基础产品、期望产品的调研。核心产品是能提供给消费者的基本效用、利益和功能，如服装遮体避寒的基础用途。基础产品是核心产品借以实现的基本产品形式，如服装的具体款式、色彩、品牌、包装等。期望产品是消费者期望的产品属性和条件，如消费者购买高档服装时期望产品的质地、款式和做工等特性与其品牌和价位相符。

（2）价格调研。

价格调研包括服装价格的制定方法以及价格需求弹性调研、竞争对手价格变化情况调研等，还包括消费者对服装价格高低的态度，各类服装的最佳价位，影响服装价格变化的各种因素，新产品与替代产品的价格状况，各种不同定价方法对服装产品销售量的影响，各类服装的零售价、批发价、赊销价及优惠价，季节性和节日性折扣等。

（3）销售渠道调研。

销售渠道调研包括服装企业现有产品的主要分销渠道状况调研、中间商在分销渠道中的作用调研等。

（4）促销方式调研。

促销方式调研包括人员推销调研、广告宣传调研、公共关系调研等。

3. 不可控因素调研

（1）政治环境调研。

政治环境调研主要是对企业产品的主要用户所在国家或地区的政府现行政策、法令及政治形势的稳定程度等方面的调研。

（2）经济发展状况调研。

经济发展状况调研主要调研服装企业的目标市场在宏观经济发展中将产生何种变化。调研内容包括消费者平均工资收入、服装消费所占的比例，城乡居民存款、消费水平与消费结构，各类服装及其原材料的物价状况等。

4P是营销学名词，产品（product）、价格（price）、渠道（place）、推广（promotion）四大营销组合策略即为4P。

（3）社会文化因素调研。

社会文化因素调研主要调研对服装市场需求产生影响的社会文化因素，如受教育程度、职业、宗教信仰及审美意识等方面的调研。

（4）技术发展状况与趋势调研。

技术发展状况与趋势调研主要调研与服装企业有关的技术水平状况及发展趋势。调研内容包括消费者对服装款式的评价、意见和改进要求；新上市服装的款式、功能及流行的可能性；新款式的应用领域和如何延长新款式的流行周期；市场新开发产品的上市速度及更替淘汰率；服装产品的包装情况；可能协作进行服装加工的厂家的生产技术能力、经济状况、负债率及信誉情况、加工的成本、交货期限等。

（5）竞争对手调研。

竞争对手调研主要调研竞争对手数量、竞争对手的市场占有率及变动趋势、竞争对手已经和将要采用的营销策略、潜在竞争对手的情况等。调研内容包括竞争对手的经济实力与技术实力，竞争对手产品的市场占有率，竞争对手的管理水平与营销策略，竞争对手的经营目标与发展战略，各竞争对手之间的抗衡关系，竞争对手新产品的开发速度、性能、包装、品牌、价格、规格系列、开发周期等。

二、服装网络市场调研的方法

根据搜集数据的性质不同，网络市场调研可分为直接调研和间接调研两种。网络市场直接调研是指为特定的目的在互联网上搜集和分析一手资料或者原始资料的过程。网络市场间接调研就是搜集和分析网上二手资料的过程。

1. 网络市场直接调研

网络市场直接调研的方法有四种：网上观察法、专题讨论法、在线问卷法和网上实验法。使用较多的是专题讨论法和在线问卷法。

（1）网上观察法。

网上观察法是通过互联网对消费者在聊天室、公告板、论坛或邮箱中的交谈和邮件发送行为进行观察，或者通过对网站日志的分析，得出用户上网的时间、次数及访问的网站内容等基本情况。通过网上观察法，服装企业从业人员可以了解服装品牌的知名度、美誉度和用户忠诚度等。

（2）专题讨论法。

专题讨论法通常由一名组织者邀请与访谈专题相关的重要消费者，通过网络，自然、无拘束地讨论访谈问题。主要实施流程为：①确定要调查的目标市场；②识别目标市场中要加以调查的讨论组；③确定可以讨论或准备讨论的具体话题；④创建相应的讨论组，通过过滤系统发现有用的信息，或创建新话题，让大家讨论，从而获得有用的信息。

如一名服装设计师可以邀请多名客户进行专题访谈，鼓励大家对新设计服装的款式、面料、色彩等方面提出意见。

（3）在线问卷法。

在线问卷法是将调查问卷发布在网上，被调查对象通过网络填写调查问卷。调查问卷的基本结构一般包括三个部分，即标题及标题说明、调查内容（问题）和结束语。

①标题及标题说明是调查者为被调查者写的简短说明，主要说明调查的目的、意义、选择方法以及填答说明等，一般放在问卷的开头。

②调查问卷的内容主要包括各类问题、指导语，这是调查问卷的主体，也是问卷设计的主要内容。问卷中的问答题，从形式上看，可分为开放式、封闭式和混合型三大类。至于指导语，也就是填答说明，是用来指导被调查者填答问题的各种解释和说明。

③结束语一般放在问卷的最后面，对被调查者表示感谢，也可征询一下被调查者对问卷设计和问卷调查本身的看法和感受，措辞要诚恳亲切。

在线问卷发布的主要途径有三种：第一种是将问卷放置在网站（如问卷星）上，等待访问者访问时填写问卷；第二种是通过电子邮件将问卷发送给被调查者，被调查者填答完成后再通过电子邮件将问卷返回；第三种是在相应的讨论组中发布问卷信息。

（4）网上实验法。

网上实验法是指对在网络中投放的广告内容与形式进行实验。设计几种不同内容和形式的广告，在网页或者新闻组上发布，也可以利用电子邮件传递广告。广告的效果可以通过服务器端的访问统计软件随时监测，也可以通过客户反馈信息量的大小来判断，还可由专门的广告评估机构来评定。

服装电子商务从业人员在网上可以比较容易地测试备选网站、展示广告，或者评价促销活动的效果。例如，某服装品牌将某款产品放在网络店铺做促销，有两套定价方案，为测试哪套定价方案具有更好的促销效果，公司将两套不同的定价方案以电子邮件的形式发给客户，方案中还各自包含了一个链接，通过链接可以进入两个不同的网页，从业人员可以根据这两个网页的点击率来快速判断哪套定价方案更有竞争力。

2. 网络市场间接调研

网络市场间接调研指的是搜集网上二手资料并进行分析判断。二手资料的来源有很多，如公共图书馆、大学图书馆、贸易协会、市场调查公司、广告代理公司、专业团体、企业情报室等，还有众多综合型 ICP（互联网内容提供商）、专业型 ICP，以及搜索引擎网站。网上二手资料的搜集非常方便，但要找到自己需要的信息，首先必须熟悉搜索引擎的使用方法，其次要掌握服装专题型网络信息资源的分布。

网上查找资料主要通过三种途径：利用搜索引擎；访问相关专业网站，如各种专题性或综合性网站；利用相关的网上数据库。

（1）利用搜索引擎查找资料。

搜索引擎（如百度）反馈的搜索结果是与搜索者输入的关键词相关的信息，比如服装供求信息、产品信息、企业信息，以及服装行业动态信息，并且给予搜索者一定的信息分拣引导，以满足搜索者的实际需求。

（2）访问相关专业网站搜集资料。

如果知道某一服装专题的信息主要集中在某些网站，可直接访问这些网站，获得所需的资料，如访问某服装品牌的官方网站可详细了解服装产品信息、公司的发展动态、产品开发信息等。

（3）利用行业协会公共数据查找资料。

行业协会或者专业协会网站一般都会提供相关行业的信息，如中国纺织工业联合会、中国流行色协会、中国服装协会、中国针织工业协会、中国棉纺织行业协会、中国毛纺织行业协会等。

三、服装网络市场调研的流程

服装网络市场调研应遵循一定的方法与步骤，以保证调研的质量。服装网络市场调研流程一般为明确调研目的、确定调研对象与内容、制定调研方案、分析信息、编写调研报告等。

1. 明确调研目的

服装网络市场调研的第一步就是明确调研的目的，这是整个调研活动的核心。为了避免调研的盲目性，可以按服装类型进行大体分类，如男装、女装、童装、内衣或家居服，再进行风格分类，如男装中的商务装、时尚休闲装。可以针对市场占有率高的类目、销售额排名靠前的服装品牌进行调研，也可以调研品牌产品的款式、色彩等。

2. 确定调研对象与内容

确定调研的对象在调研过程中是十分重要的，没有调研对象，调研工作就无法进行。调研对象可以是某一个服装品牌，也可以是某一细分市场，调研对象一定要与调研目的紧密结合。网络市场调研的内容主要有市场需求容量调研、可控因素调研和不可控因素调研。

3. 制定调研方案

制定调研方案是指为实现调研目的进行调研时间、调研方法、资料来源等的具体安排。调研方案对服装网络市场调研工作的有序进行具有指导意义。如针对某服装品牌的调查问卷，应包括消费者行为分析、消费者对产品属性的偏爱、品牌的知名度和促销方式等。

SEO(search engine optimization)：搜索引擎优化，利用搜索引擎的规则提高网站在有关搜索引擎内的自然排名。

SEM(search engine marketing)：搜索引擎营销，就是根据用户使用搜索引擎的方式，利用用户检索信息的机会尽可能将营销信息传递给目标用户。

4. 分析信息

搜集调研信息后就要开始进行信息的整理工作，并进行汇总，然后利用科学的分析方法对结果进行分析，如描述性分析、方差分析、因子分析和聚类分析等方法。同时，还要注意对调研的结果进行事后追踪与调查，确保网络市场调研的准确性与完善性。

5. 编写调研报告

调研报告不是数据和资料的简单组合，应采用规范的写作格式，行文要清晰、合理，在编写调研报告时最好加上相应的数据分析，并有图示的部分，因为完善、科学的调研报告更能让人信任。调研报告的一般格式如下。

（1）封面。

（2）目录。

（3）概要。

概要主要说明调研目的、调研对象和内容、调研方法等。

（4）正文。

正文内容应详细。文本结构要严谨，推理要有逻辑性。对在调研过程中出现的不足之处应说明清楚，不能含糊其词。

（5）结论和建议。

根据调研结果得出结论，并结合企业或客户情况提出其所面临的机遇与挑战、解决问题的方法和建议。对建议要做出简要说明，使读者可以参考文中的相关信息，独立地对建议进行判断。

（6）附件。

附件包括一些复杂的、专业性的内容。通常将调查问卷、抽样名单、数据分析过程等内容作为附件。

第二节　服装网络市场分析

服装网络市场是近些年发展起来的，越来越多的人通过网络购买服装。服装是较早享受线上网购红利的品类，近年来服装网购规模快速扩展。服装品类有区别于其他品类的独特性，服装产品单价低，更容易形成交易。因低成本、销售广等优势，服装企业纷纷加强网络销售渠道布局。大型服装企业不仅在电子商务平台开拓品牌销售渠道，还在网络上自建门户网站，并提供全系列商品的售卖，包括耐克、阿迪达斯、H&M、优衣库和ZARA等。国内企业欧时力、拉夏贝尔等也先后搭建了各自的门户网站。而其他规模相对较小的服装品牌在国内主要以入驻天猫、京东商城等电子商务平台开发其品牌旗舰店为主。另外一些独立设计师则通过淘宝网、微店等电子商务平台开展服装零售业务。

以天猫双十一为例，2018年天猫双十一全天成交额为2135亿元，超越2017年的1682亿元，再次创下新纪录。在公布了双十一战绩的服装品牌中，男装类目下，2018年销售额相比2017年增幅最大的是森马，同比增长39.00%；马克华菲则同比增长20.90%。女装类目下，2018年销售额相比2017年增幅最大的是波司登，同比增长30.20%；其次是伊芙丽，同比增长2.83%；太平鸟同比增长1.24%。如表3-1所示。

表3-1 男女装部分品牌双十一销售额

类目	品牌名称	2017年交易额（元）	2018年交易额（元）	同比增减
男装	GXG	4.85亿	4.00亿	−17.50%
	太平鸟	8.08亿	8.18亿	0.12%
	森马	8.20亿	11.40亿	39.00%
	马克华菲	2.30亿	2.78亿	20.90%
	海澜之家	4.07亿	5.50亿	35.10%
女装	伊芙丽	2.83亿	2.91亿	2.83%
	波司登	5.86亿	7.40亿	30.20%
	太平鸟	8.08亿	8.18亿	1.24%

线上淘品牌的网购渗透红利逐渐接近尾声，行业进入洗牌阶段，缺乏品牌影响力和品质优势的中小品牌市场占有率逐渐下降，知名品牌则在整合资源的过程中巩固地位，如知名淘品牌韩都衣舍女装销量排名始终保持在前十。从品牌格局上看，国际快时尚品牌、传统品牌正在扩大市场占有率。国际快时尚品牌具有很好的品牌影响力、时尚属性、性价比优势，在线上占据优势，代表品牌为优衣库、ZARA，绫致集团旗下的VERO MODA、SELECTED等。国内传统品牌也纷纷转战线上，线上线下并存的模式保证了品质和体验，发展势头良好，代表品牌包括森马、拉夏贝尔、李宁等。

一、利用百度指数分析服装网购用户

在互联网快速发展的时代，数据分析是分析市场的有效手段，专业的数据分析平台

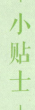

百度指数是以百度的海量网民行为数据为基础的数据分析平台，是当前十分重要的统计分析平台之一。百度指数的主要功能模块有：基于单个词的趋势研究（包含整体趋势、PC趋势还有移动趋势）、需求图谱、舆情管家、人群画像；基于行业的整体趋势、地域分布、人群属性、搜索时间特征。

为服装电子商务卖家带来了便利。为了更好地了解市场需求，前期的市场调研和数据分析十分必要。本部分内容利用百度指数作为数据分析平台，来分析服装网购买家的网络搜索情况、用户分布情况等，为卖家的选品、备货提供数据依据。

1. 服装行业趋势分析

在百度指数首页搜索栏中输入任意服装类目的关键词，即可以查询该关键词的搜索指数概况和搜索指数趋势，可以反映实时、近 7 天、近 30 天、近 90 天、近半年和自定义时间段等的搜索指数概况。如图 3-1 所示，是输入关键词 t 恤的搜索指数概况，从图中可以看到近 30 天的搜索趋势和整体搜索平均值。该趋势包括了 PC 端和移动端趋势的综合结果，可切换查看不同渠道的趋势图。

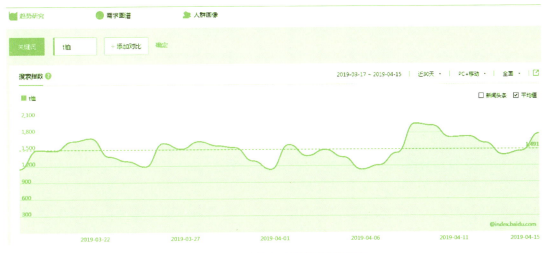

图 3-1　百度指数中 t 恤的搜索指数概况

同时，还可以添加其他关键词进行对比分析，如图 3-2 所示添加的关键词是 t 恤以及 polo 衫。搜索结果显示，在某一时间段中，polo 衫的平均搜索指数高于 t 恤，说明这个时间段网购买家对 polo 衫的关注度更高。

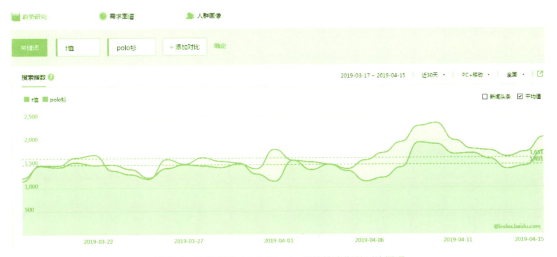

图 3-2　百度指数中 t 恤与 polo 衫的搜索指数对比概况

在百度指数趋势研究页面还能查看该关键词的资讯关注情况，有资讯指数和媒体指数两个指标。如图3-3所示，以关键词衬衫为例，可以查看衬衫近30天的资讯指数趋势和平均值情况。

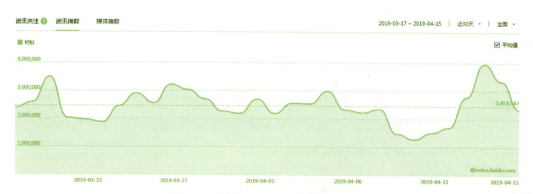

图3-3　百度指数中衬衫的资讯指数趋势

切换到需求图谱页面。输入关键词牛仔裤进行搜索，如图3-4所示，图中显示了与牛仔裤相关的细分类目的近7天的搜索情况，其中圆圈大小代表了搜索指数的高低，红色圆圈代表了搜索指数是上升的，而绿色圆圈代表了搜索指数是下降的。搜索的结果以牛仔裤为圆心展开，这代表不同类目与牛仔裤相关性的强弱，离牛仔裤这个关键词越远，相关性越弱。这些数据有利于了解服装行业的细分情况，同时分析关键词之间的相关性。

图3-4　百度指数中牛仔裤的需求图谱

在百度指数的需求图谱页面下还显示相关搜索词的相关性分类情况，包括来源相关词和去向相关词，并且相关性按照从强到弱的顺序排列，这些数据可以显示用户在短时间内搜索的关键词。

2. 服装网购用户人群画像

百度指数还可以分析用户的人群画像，此项功能能够分析用户的地域分布和人群属性，可以从省份、区域和城市三方面进行排序。这类数据有利于确定目标区域，针对特定区域更好地进行精准推广。

百度指数人群画像中的人群属性，主要用于分析用户的年龄和性别分布情况。如图3-5所示，从图中可以看出近30天的搜索结果，其中衬衫的主要用户群体年龄为30～39岁，男性占比略高于女性。

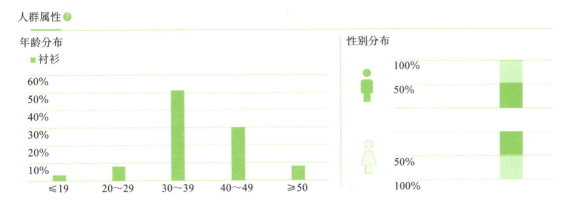

图3-5 百度指数中衬衫的人群属性

这些数据能够在一定程度上反映衬衫的买家群体情况，辅以消费能力和心理分析，可以为服装网店的产品定价、详情页描述及关联营销等提供帮助。

二、用阿里指数分析服装网络采购

从买家的角度分析市场是为了了解市场需求。为了更好地了解卖家，就需要从其采购行为进行分析，这可以通过阿里指数来完成。阿里指数是定位于"观市场"的数据分析平台，旨在帮助中小企业用户、业界媒体、市场研究人员了解市场行情、查看热门行业、分析用户群体、研究产业基地等，包括行业大盘、属性细分、采购商素描、阿里排行等模块。

1. 服装类目的采购指数

在阿里指数首页输入需要分析的服装细分类目，就可以进入行业大盘查看相应的采购情况。默认的行业大盘数据包括淘宝采购指数、1688采购指数、1688供应指数。淘宝采购指数是根据淘宝市场（淘宝集市＋天猫）里所在行业的成交量计算得到的一个综合数值，指数越高表示在淘宝市场的采购量越多；1688采购指数是根据在1688市场里

阿里指数是了解电子商务市场动向的数据分析平台，所提供的数据根据阿里巴巴网站每日运营的基本数据包括每天网站浏览量、每天浏览的人次、每天新增供求产品数、新增公司数和产品数这5项指标统计计算得出，是以阿里巴巴电子商务数据为核心，面向媒体、市场研究人员以及社会大众提供的社会化大数据展示平台。它提供地域、行业等角度的指数化的数据分析，可作为市场及行业研究、社会热点洞察的工具。

所在行业的搜索频繁程度计算而得的一个综合数值,指数越高表示在 1688 市场的采购量越多;1688 供应指数是根据在 1688 市场里所在行业已上网供应产品数计算而得的一个综合数值,指数越高表示在 1688 市场的供应产品越多。

如图 3-6 所示,是搜索连衣裙后行业大盘显示的一整年的指数,图中淘宝采购指数有两个爆发式增长点,分别对应双十一和双十二的位置,反映了两个盛大的促销活动中的市场状况,综合一整年的数据看,连衣裙的行业大盘数据与季节的相关性大。

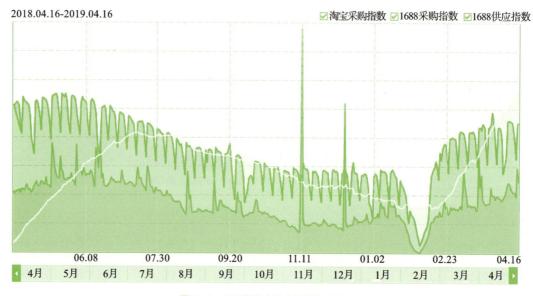

图 3-6　阿里指数中连衣裙的行业大盘

在行业大盘页面下还可以分析与关键词相关的行业的采购指数,以及预测这些相关行业的需求情况,并且将相关行业分为热门行业和潜力行业进行分析。

如图 3-7 所示是最近 30 天与连衣裙相关的行业的分析情况,数据解读如下:①最近 30 天在连衣裙的相关行业中,女式 T 恤在淘宝市场的需求最大。②未来一个月,预测热门行业市场需求没有较大增长。预测结果仅供参考,应该结合自身实际情况,在关注

图 3-7　阿里指数中连衣裙的相关行业分析

所选行业之外，了解其他行业相关信息。

2. 服装类目属性细分

服装类目的属性本该在分析商品时介绍，但这里的属性细分是基于采购指数做出的，因此通过阿里指数，从热门基础属性、热门营销属性和价格带分布三方面进行展开。

（1）热门基础属性。不同的服装类目包含的热门基础属性不同，通过1688的采购与供应数据，可以分析服装类目的属性细分情况。如图3-8所示是连衣裙的热门基础属性，卖家比较关注连衣裙的图案、服装风格、流行元素、工艺等，从连衣裙的图案属性分析，纯色、印花、碎花、波点等是热门图案。

图3-8 阿里指数中连衣裙属性细分的热门基础属性

（2）热门营销属性。服装的热门营销属性是从营销的角度划分的，如新款、风格款等，因为很多买家在搜索商品时通常会加上这些关键词以筛选商品。

如图3-9所示是与连衣裙有关的热门营销属性，可以看出最近30天，连衣裙行业

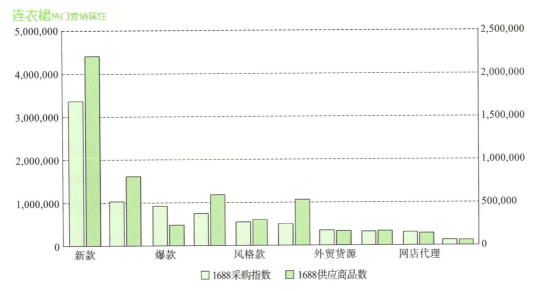

图3-9 阿里指数中连衣裙属性细分的热门营销属性

价格带(price zone)指各个商品品种销售价格的上限与下限之间的范围。在店铺内,为了满足顾客对既丰富又有效的商品构成的需要,有必要减少销售格层,并缩小价格带。

的热门营销属性为新款、爆款、风格款、外贸货源、网店代理等,其中买家对新款的需求量最大。热门营销属性主要可以提醒卖家在后期进行营销推广时考虑买家的需求,将热门营销属性关键词放在商品标题中,以增加流量。

（3）价格带分布。

价格属性是商品属性的重中之重。阿里指数的属性细分中可以查看某个细分类目的商品价格带分布,分为1688浏览商品价格分布和1688交易商品价格分布。如图3-10所示,是关于连衣裙的近30天浏览和交易价格带分布,并且可以看到不同价格范围的占比。数据显示,最近30天,1688市场的连衣裙行业,买家浏览最多的商品的价格带为53～79元,采购最多的商品的价格带为53～79元。价格带分布占比越高,说明该价格带的买家越集中,这些数据可以为商品定价提供一定的参考。

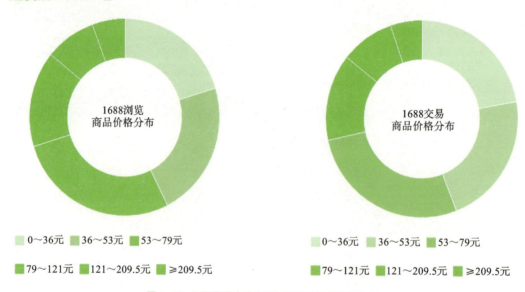

图3-10　阿里指数中连衣裙属性细分的价格带分布

3. 服装类目的采购商素描分析

阿里指数的采购商素描能够对采购商的身份占比进行分析,在搜索框输入某服装细分类目,就可以查看新老采购商、淘宝店主和非淘宝店主的占比。除此之外,还可以对所输入类目的采购客单价和采购关联行业进行统计分析。

（1）采购客单价。通过分析采购客单价,可以看出采购商的采购价格区间,并能够初步判断采购商的采购数量。如图3-11所示,是连衣裙的采购客单价分布情况,可以从量多价低和量少价高这两个方面进行分析。在分析采购客单价时,如果对商品单价和采购商采购数量不好判断,可以单击数据解读下方的产品排行榜,进入阿里页面查看该类目下的商品采购交易价格,以此来更好地评估采购商的采购情况。

（2）采购关联行业。服装的类目较多,一般采购商不会只采购一种类目的商品,会

图 3-11　阿里指数中连衣裙采购商素描的采购客单价

以一种类目的商品为主然后再采购相关类目商品。这些关联商品可能是互补型,也有可能是相近型。如图 3-12 所示,是搜索连衣裙后显示的采购关联行业,从图中可以看出,采购连衣裙的采购商通常会关联采购女士衬衫,这属于相近商品的采购。阿里指数的采购商素描能够帮助采购商分析某一行业的关联行业,为开店备货和后期的关联营销提供参考。

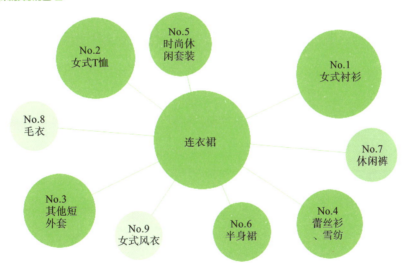

图 3-12　阿里指数中连衣裙采购商素描的采购关联行业

无论是采购客单价还是采购关联行业的相关数据,都统计的是近一个月的动态数据。正常情况下,这些数据会随着季节变动,也会随着采购商采购情况的不同而有所变化。对于服装采购商来说,要对这些数据有所了解,时刻关注这些动态数据,以便更好地经营。

三、服装网购商品类目分析

通过百度指数对服装网购用户的分析,以及阿里指数对服装网购采购的分析,接下来就需要对网购市场中的服装类目进行分析,本部分内容以淘宝网为参考,介绍淘宝网对服装类目的划分,以及各个服装类目的情况。

淘宝网的服装类目是从服装的广义角度上进行划分的,包括服装、鞋、包等。淘宝网服装鞋包类目细分为男装、女装、鞋靴、箱包、内衣、配件配饰等，下面对女装、男装、鞋包类目进行分析。

1. 女装类目

女装是淘宝网上所有服装类目中销售最好的类目，且女装类目也处于淘宝商品类目第一的位置，如图3-13所示是淘宝女装的分类导航。无论是从销售数据，还是从每天新增的服装店铺数量，或者是从淘宝网对女装类目的重视程度来看，女装类目都在淘宝网商品类目中占有重要地位。

连衣裙	毛衫/内搭	秋外套
半身裙 针织裙 丝绒裙 打底裙	毛衣 宽松毛衣 开衫 高领毛衫	夹克 西装 风衣 卫衣绒衫
复古裙 修身裙	喇叭袖毛衫 打底衫 长袖T恤	毛呢外套 皮衣 牛仔外套
裤装	秋季套装	特色人群
休闲裤 打底裤 牛仔裤 阔腿裤	时尚套装 运动套装	大码女装 妈妈装 婚纱礼服
破洞牛仔 哈伦裤 喇叭裤	阔腿裤套装 两件套 套装裤	民族舞台 红人私服 甜美风

图3-13 淘宝女装分类导航

淘宝女装拥有淘宝网"第一大行业"的称号，但这并不表示这个类目没有劣势。淘宝网中女装店铺众多，且价格相对透明，产品同质化比较严重，相比于实体店，网上店铺的竞争压力一样很大，同时还面临可试穿性差，购物体验不好的问题。女装类目的主要特点如下。

（1）产品同质化严重，竞争压力大。搜索任意女装细分类目，其搜索结果一般都是以万件为单位，相似款式多且价格有一定的不同，产品创新不够，互相抄袭较为严重，已经很难打造"爆款"。

（2）流行周期短，季节性强。"款式多、更新快"逐渐成为经营女装类目的制胜法宝，因此，卖家要关注流行信息，及时了解新颖款式的变化，针对季节要做好产品计划。

（3）商品属性描述多。买家在购买女装时，会利用不同属性的关键词挑选商品。对于卖家来说，以女士衬衫为例，需要从服装板型、风格、衣长、袖长、袖型、领型、门襟、图案、成分含量、适用年龄、适用季节等多方面属性来进行描述。

2. 男装类目

相对于女装来说，男装的风格类型较少，大多数用户对品牌的要求较高，这也是淘宝男装店铺是以天猫店铺为主的原因。

如图3-14所示为淘宝男装分类导航。男装的分类相比于女装来说较少，外套类有夹克、风衣、呢大衣、皮衣等；内搭类有衬衫、卫衣、t恤、polo衫等；针织类有毛衣、针织衫、套头衫、开衫、羊毛衫、羊绒衫等；牛仔裤有破洞款、宽松款、九分款、直筒款、修身款等。男装类目的主要特点如下。

外套	内搭	针织衫/毛衣
春新款 夹克 风衣 呢大衣	卫衣 衬衫 T恤 polo衫	毛衣 针织衫套头 开衫
西装 机能夹克 教练夹克 皮衣	长袖衬衫 条纹衬衫	羊毛衫 羊绒衫 oversize
休闲裤/西裤	牛仔裤	换季清仓
休闲裤 短裤 运动裤 阔腿裤	春款 破洞 宽松 九分 直筒	棉衣 羽绒服 马甲 高领毛衣
西裤 宽松 九分 七分 工装	修身 潮牌 弹力	

图3-14 淘宝网男装分类导航

（1）淘宝男装的消费群体年轻化。据淘宝男装卖家业务线负责人介绍，淘宝男装超过50%的消费者不到30岁，30%的在29～50岁，核心购买人群为19～29岁的年轻人。

（2）男装类目风格化、内容化、生态化。随着消费升级、人群细分的演变，过去从业务角度进行的卖家划分已经无法完全满足消费者的导购需求。这要求对消费人群做进一步细分，对卖家也要做细分，例如添加男装风格馆、原创设计等类目。年轻人群体已然成为消费主体，他们的消费习惯重构了流量渠道，传统的中心流量渠道被弱化，卖家通过内容获得的流量的占比越来越高。男装卖家应该紧跟平台变化趋势，由传统的"爆款"运营模式转向内容运营模式，快速掌握直播、微淘、视频等运营方式。

3. 鞋包类目

在服装类目中，除了男女装，鞋包市场的变化也比较大。鞋是与上下装互补的商品，包除了用来收纳随身物品，还可用来搭配服装，因此鞋和包都属于服装鞋包大类。

（1）鞋靴类。

鞋靴类商品经营主要考虑的是性别因素，在淘宝网的类目划分中，分为女鞋和流行男鞋。目前淘宝网的女鞋风格有甜美、公主、日系、田园、洛丽塔、森女、欧美、休闲、朋克、嘻哈、简约、通勤、英伦、优雅、性感、复古、街头等。尽管鞋的风格多样，但这并不是女鞋定位的依据。一般女鞋可分为休闲鞋、运动鞋和时尚鞋三类。男鞋的市场变化较小，可以按照皮鞋和休闲鞋进行划分。

在男鞋和女鞋中，皮鞋是最常见的，皮鞋按材质又分为真皮皮鞋和皮革皮鞋，真皮又分为牛皮和羊皮等。

（2）箱包类。

包的基本作用是收纳随身物品，同时有一定的搭配装饰作用。男性更关注包的品质，而女性更关注包与服装的搭配。包的细分类目可以根据实际用途分为箱包、背包、提包和钱包。箱包一般指拉杆箱，在旅行时使用，注重质量；背包多用于旅游，注重功能性；提包多用于上下班通勤，注重品位与美观时尚；钱包多为随身携带。

因为包类产品品类较少，且市场需求量没有服装那么大，因此经营包类商品不需要区分太细，有些店铺经营的类目兼顾男士、女士。值得注意的是，经营男士皮包时，可将皮带和皮鞋作为关联产品。

本 / 章 / 小 / 结

　　本章阐述了服装网络市场调研的内容、方法以及流程。介绍了如何利用多种途径分析服装网络市场，如通过百度指数分析服装行业的市场趋势和细分类目行情，通过阿里指数分析服装行业的采购状况和属性特征，从商品角度分析服装类目。如今，我国服装网购市场的发展已经进入比较成熟的阶段，市场规模增速逐渐趋稳，服装企业需要打通客流、信息流、物流、资金流，并有效融合，进一步拓展线上市场，真正实现线上线下的融合发展。

思考与练习

1. 服装网络市场调研报告包括哪些内容？

2. 如何利用搜索引擎了解手机市场信息？

3. 如何搜集竞争对手的信息？

4. 结合大学生消费的特点，设计一个关于服装消费的在线调查问卷。

第四章
服装网店开设与运营

章节导读

电子商务的快速发展给各行各业都带来了新的机遇和挑战，服装行业也不例外。在新形势下，基于互联网的电子商务模式为卖家降低了开店成本，互联网无区域和时间限制的特点也让营销变得更加有效。本章以淘宝网平台为例，讲述服装网店的开设与运营推广。

第一节　服装网店开设

网上购物，买卖双方不需要直接接触，只需要轻点鼠标，便可下单购物，通过物流便可收到现货。网上店铺投资小，运营成本相对较低，不受店面空间和地理位置的影响，只需要有相应的软硬件条件，就可以在网上开店，实现网上创业。

一、服装网店开设企划

在网上开设店铺前需要多方面考量，可从客流、信息流、物流、资金流等方面进行企划。

1. 市场调研

市场调研是一个寻找的过程，寻找目标市场，寻找竞争对手，寻找目标客户。进行市场调研是为了寻找目标市场及目标客户，以更好地服务这部分人，舍弃不符合消费需求的产品，快速获取顾客、占领市场。

2. 品牌定位

在市场调研的基础上，为突出品牌的特色，明确产品的优势，就需要进行品牌的设计与定位。品牌元素的设计主要体现在品牌名称、品牌标志和品牌口号上。品牌定位的主要内容包括店铺定位、产品定位、装修风格定位、价格定位、目标人群定位。

3. 产品计划

一个店铺的产品主要包括引流款、利润款、活动款、形象款。

（1）引流款。

将产品定位为引流款，就意味着这个产品就是店铺最大的流量来源。引流款一般选择大部分消费者能接受的非小众的产品，同时具有良好的产品转化率。

（2）利润款。

将产品定位为利润款，就是要靠此产品为店铺带来更多的利润和销量，因此这类产品应该在实际营销中重点推广。利润款产品的目标人群，应该是某一特定的人群，应分析出适合他们的款式、产品卖点、设计风格、价位区间等，再做出决定。

（3）活动款。

将产品定位为活动款，主要是为了清库存和冲销量。以清库存为目的的活动款产品，一般都是过时或者尺码不全的款式，这样就必须牺牲客户对品牌的体验，那么低价出售就是弥补消费者心理的较好方式。以冲销量为目的的产品，最好选择一些大众喜欢的产品，才能达到更好的效果。

（4）形象款。

将产品定位为形象款，目的是提升品牌的形象，应该是一些高品质、有格调、高客单价的极小众产品，在店铺所经营的产品中占比较小。

4. 整体视觉营销

合理的视觉设计能吸引消费者的注意，激起消费者的购买欲望，促使消费者购买商品。

合理的网店装修和精练的商品描述是提升网店销量的关键。能不能留下顾客，主图是关键，所以留住顾客的第一步便是对主图进行优化，另外就是详情页的设计。主图可以从模特的挑选、背景图样式设计等方面进行优化，可以根据顾客心理需求设计详情页。

5. 商品图片与文案

商品文案和图片是相辅相成的，特别是细节图中，配上适当的文案会让商品的档次提升，而文字又因为图片更形象。

文案的编写要求是很高的，既要符合商品的特点，还要满足个性化需求；既要体现营销理念，又要传递出情感。商品文案主要包括商品的品牌介绍、商品的设计诠释、商品的亮点介绍、商品所用的原料特点、商品细节的文字描述、商品的使用说明、物流与售后等方面的内容。

6. 推广渠道

网店的推广渠道有站外推广渠道和站内推广渠道。站外推广渠道主要包括微信、QQ、微博等；站内推广渠道有免费和付费工具与平台等，免费的推广工具与平台如聚划算、淘金币、试用中心、天天特价等，只要店铺满足各活动的基本要求就能参加，不需要支付推广费用。付费推广工具与平台有淘宝直通车、钻石展位和淘宝客，它们被称为淘宝推广中的三大撒手锏，可见其推广的效果之佳。

7. 数据分析

运营数据是卖家掌握店铺运营情况的重要指数，如店铺浏览量、店铺访问数、店铺成交转化率、页面停留时间、跳失率、访问深度等。数据这么多，卖家该关注哪些数据呢？不论大店小店、新店老店，高销售额是网店永远不变的追求，店铺日常数据的解读应该围绕着"销售额＝访客数 × 转化率 × 客单价"这个公式，因此，访客数、转化率、客单价构成了网店日常运营的基础数据。影响网店运营的数据有很多，如流量、转化率、客单价、动态评分等，这些指标从不同角度反映了网店运营是否正常。

现以店铺的流量结构为例，通过数据的精准化分析，为店铺制定出更有效的经营方案。流量是影响商品成交额的直接因素，分析流量结构是网店数据化运营中的基础工作。淘宝店铺的流量来源有很多，可将其分为付费流量、自然流量、回头流量、淘宝客流量等。

8. 客服能力

客服工作顾名思义就是为顾客服务的工作。作为店铺和顾客交流的第一平台，客服在网店中发挥的作用不可小觑。客服的作用体现为：引导、促成顾客购买或帮助顾客购买；增加服务的附加价值，促成顾客愉快购物；维护顾客群体，为店铺带来更多交易。一个完整的客服团队一般包括客服、客服组长、客服主管和客服经理。

小贴士

CRM 随着互联网和电子商务的发展，变得广为人知，它是英文 customer relationship management 的简写，一般译作"客户关系管理"或"顾客关系管理"。

9. 客户关系管理

客户关系管理是以顾客为中心，通过提升顾客的满意度来提高顾客的忠诚度，具体包括顾客信息搜集、顾客分析、顾客维护等方面的工作。

网店通过满足顾客个性化的需要、提高顾客忠诚度，与顾客建立起长期、稳定、相互信任的密切关系，降低销售成本、增加收入，并以此为手段来提高店铺赢利能力、顾客满意度，达到拓展市场、全面提升店铺竞争能力和收益的目的。

10. 供应链管理

随着供应链的价值逐渐突出，供应链已经成为企业生命线。供应链管理模式对一个品牌的发展起着至关重要的作用，如服装品牌ZARA是行业内典型的拥有一体化供应链的商家，其配送、物流、售后服务等都是其他商家的学习榜样。

电子商务运营技术在逐渐透明化和扁平化，供应链管理已经成为影响电子商务效率的一个重要因素，可以说供应链的价值决定着利润空间。供应链管理的目的在于降低成本、提高品质、加快反应速度。对于商家来说，应该借助信息化手段，实现产品设计、采购、生产、销售、结算、服务等流程的高效协同，强化供应链管理。

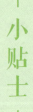

> 供应链管理（supply chain management，SCM）就是对企业供应链的管理，是对供应、需求、原材料采购、市场、生产、库存、订单、分销发货等的管理，涉及从生产到发货、从供应商到顾客的每一个环节。

二、服装网店开设步骤

随着网购的普及，现在开淘宝店铺的人越来越多。以下内容以淘宝网为例，讲述淘宝开店的具体步骤。

1. 淘宝开店准备资料

（1）个人开网店需要自己的身份证原件（年龄必须满18周岁）；企业开网店需要企业营业执照等相关证件。

（2）需要准备未注册邮箱账号和未注册淘宝账号的手机号码各一个。

（3）银行卡一张（必须是本人的），银行预留手机号码必须处于使用状态。

2. 个人卖家开店步骤

（1）打开淘宝官方网站，注册淘宝账号，可以选择手机注册或者是邮箱注册。

（2）打开淘宝网首页，点击"千牛卖家中心"，选择"免费开店"。

（3）进入页面，选择个人开店。

（4）阅读淘宝开店的相应条款，确认无误后点击"下一步"。

（5）申请支付宝实名认证，按照要求提供相应的身份信息。

（6）淘宝开店认证，可以下载阿里的钱盾，按照要求完成淘宝开店认证。

（7）等待店铺审核。

（8）审核通过后，设置店铺基本信息。店铺基本信息包括：①店铺名，店铺名可以修改，但是要求具有唯一性；②店铺类别，卖家自己设置的店铺主营类目，会影响卖家店铺的搜索；③人气类目，淘宝系统根据卖家的实际经营情况给出的卖家涉及的经营类目中最有竞争力的一个，无法手动更改；④店铺简介，卖家对自己店铺经营信息的简介，影响店铺搜索；⑤店标，支持 GIF、JPG、JPEG、PNG 格式，大小限制在 80KB 以内，尺寸为 80px×80px；⑥店铺介绍，卖家自己编辑的对于店铺的介绍，方便买家了解更多卖家的经营信息。

3. 企业卖家开店步骤

（1）进入淘宝网"千牛卖家中心"，点击"免费开店"，然后选择企业店铺。

（2）商家需要完成实名认证。

（3）点击店铺负责人认证右侧的"立即认证"后，按照提示用手机淘宝扫码认证。需要准备的资料就是身份证明，而且必须是本人亲自操作。当然认证的负责人可以是店主，也可以是企业法人。无论选择的店主是谁，最终都需要对店铺承担法律责任。然后到手机淘宝，按照实际情况来选择，一般来说，点击身份证就可以了，然后会要求本人手持身份证并拍照。

（4）接着就进入资料的确认环节，填写姓名和身份证号码，验证手机号码以及填写地址，需要注意的是，此处填写的地址是店铺经营地址。

4. 淘宝小镇注册方式

据《电子商务法》规定，所有电子商务经营者都要持证经营。淘宝小镇（中国杭州）电子商务产业园，简称淘宝小镇电商园，能够办理电子营业执照，是互联网线上虚拟园区，通过互联网提供线下园区几乎所有的配套服务。除电子营业执照办理外，还能提供政策申报与兑现、线上培训、引导基金申报等服务。

（1）进入淘宝小镇首页，然后点击"注册"。

（2）填入手机号及验证码，点击"下一步"。

（3）输入验证码及密码等信息，点击"完成"进入下一步。

无论在何平台开店，由于平台规则的变化，步骤和流程也会出现变化，可通过各平台的官方网站了解详细信息。

（4）注册完成，点击"下一步，完善信息"进行实名认证。

（5）填入姓名、身份证号、淘宝ID、联系地址等信息，然后点击"下一步实人验证"进行认证，人对着摄像头，按"确认"即可认证。

（6）注册营业执照，点击"在线电子注册"。

（7）勾选"我已阅读并承诺遵守"，并点击"下一步"，即可进入注册营业执照的页面。

（8）根据实际情况填写营业执照的相关信息。

第二节　服装网店运营管理

随着互联网的发展，淘宝网购市场越做越大、越做越好，其中服装店铺在淘宝网店铺中的占比位居首位。网店的日常管理涉及从发布商品到接待顾客、从日常维护到账户安全等各个方面的工作。网店运营管理可以分为线上和线下两个部分。线上管理主要是对宝贝发布、宝贝分类、店铺装修、旺旺聊天等方面的管理，线下管理主要是对供应商、库存货物，以及发货、包装、邮寄、物流等方面的管理。

一、商品管理

商品管理主要是对商品进行发布和分类，以及对商品进行上下架、橱窗推荐等方面的处理。

1. 商品发布

（1）选择出售宝贝的类目，类目需要与宝贝的属性相对应。

（2）正确填写详细的宝贝信息。

发布商品前需要详细查看并熟悉销售违规商品的处罚规则。然后选择发布全新宝贝，填写基础信息、销售信息、图文描述、支付信息、物流信息、售后服务等方面的宝贝信息，如图4-1所示。

需要注意的事项是，宝贝标题最多填写30个汉字；有"*"标记的为必填项，若未填写这些项，则宝贝将不能发布；其他的为可选项，为了宝贝能够更多地在淘宝网上被买家搜索到，应根据宝贝情况选择性填写。

2. 商品分类

商家发布的每一样商品都需要选择一个相应的类目属性，如女装、箱包等。这主要是为了方便买家在店铺进行分类查找。当店铺的商品较多时，在店内设置商品分类对顾客进行购物引导就显得十分必要。

图 4-1 淘宝网发布宝贝页面

如图 4-2 所示，商品的分类可以分为一级类目和二级类目，对设置好的分类类目可以自由地进行删除、添加子分类、上移、下移等操作。店铺类目设置好以后，点击"宝贝管理"将商品分配到相应的店铺分类类目，一件商品可以添加到多个子类目中。

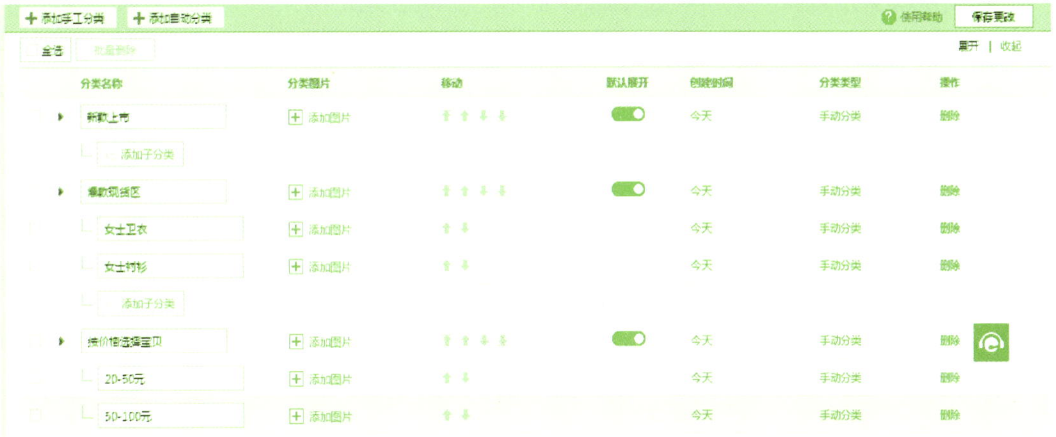

图 4-2 商品分类管理

3. 商品标题优化

商品标题所包含的关键词、类目、属性信息与商品的搜索排名密切相关，搜索引擎会根据不同卖家为商品设置的标题中的关键词、类目、属性信息进行商品匹配，从而决定将哪些商品优先推送到买家眼前，所以标题优化显得尤为重要。

（1）认识标题。

商品的标题最多只能有 60 个字节，一个英文字符占用一个字节，一个标点符号也占用一个字节，一个汉字占用两个字节，所以如果商品标题完全是由汉字组成的，汉字与汉字间没有空格等，则最多只能有 30 个汉字。卖家在创建商品标题时，一定要注意充分地利用这 60 个字符。

图 4-3 所示的是服装类目关键词的分类方法,该图显示了标题的组成要素,又根据性质对关键词进行了分类。

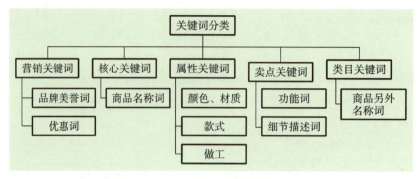

图 4-3　服装类目关键词分类

（2）关键词。

标题的核心元素就是关键词,很多时候只要找到一个或两个精准的关键词,就能为商品带来可观的搜索流量。能够有效地引入流量的关键词需要具备几个特征：较高的搜索量、搜索量有延续性、较高的点击率、较高的转化率、较少的商品数。

能够有效引入流量的关键词主要从以下四个方面寻找：①卖家可以利用淘宝网搜索栏的下拉框找到关键词的踪迹,因为淘宝网会根据不同的时节在下拉框推荐与热门商品有关的关键词,并且这些关键词的搜索量一般都不会小；②卖家可以利用淘宝网的排行榜,更加直观地分析关键词,找到那些热搜词来扩充自己的关键词词库,卖家可以关注"今日关注上升榜"和"一周关注热门榜"；③卖家寻找关键词的途径还有 TOP20W 词表,该词表中记录了固定时间段内淘宝网全网搜索量最大的 20 万个关键词,该词表定期更新,卖家可以定期下载进行分析；④当需要分析多方面的数据指标对关键词进行验证时,卖家还可以在生意参谋中寻找关键词。

（3）商品上架后的标题优化。

当卖家通过关键词数据分析、关键词组合上架商品后,并不代表这个标题永远都是最佳标题,卖家需要实时监控商品标题中关键词的效果,并随时进行调整。例如,在商品销售初期,竞争力不够,那么卖家可能会更倾向于选用竞争不激烈、搜索量也相对较少的关键词。在商品销售进入正轨,有了一定的点击率、转化率、好评等数据后,商品的搜索权重提高了,那么卖家就要对商品标题进行调整,将搜索量小的关键词换成搜索量更大的关键词。有的关键词植入商品标题中后,由于市场的变化,该关键词的效果并不好,对于这样的关键词,卖家也需要进行替换。

商品上架后,在搜索优化上,卖家最需要关注的就是商品标题中关键词的搜索效果。标题中关键词的搜索效果可以在多个卖家工具中查看,如生意参谋等。

二、视觉设计

合理的视觉设计能够吸引买家的注意，唤起买家的点击。主图和详情页文案的设计可以让买家了解产品的更多信息，从而吸引买家购买。整个网店的视觉设计包含店铺的装修、主图的优化、详情页的设计以及手机淘宝店铺页面的优化等。

1. 网店视觉设计的原则

视觉设计对网店的营销具有重要作用，是提升网店流量的关键。合理的网店装修和精练的商品描述是网店视觉设计的关键。以下就服装网店视觉设计的原则展开论述。

（1）聚焦原则：激发关注度。

通过视觉设计，让买家在短时间内接收到营销信息，吸引买家并引导其进行购买，这是聚焦的根本目的。

①利用色彩搭配聚焦主体。人在观察事物时，色彩是最具吸引力的要素，说明色彩对于人的视觉而言，具有一定的聚焦力。可以通过色彩变化来突出商品和促销信息，如改变文字的色彩来降低明度、增强对比，或在不更改文字色彩的基础上，通过添加色块来衬托文字。

②引导买家目光。利用相关视觉元素的排列组合、造型或构图方式，让已经吸引了买家视线的视觉元素进一步形成引导力，以更好地将买家的目光聚集到卖家想让买家关注的信息处。例如利用左右构图的方式以及混合搭配的安排去吸引买家的注意。

（2）细分原则：展现营销力。

细分原则能够让卖家找到图片设计的切入点，可以强化卖点、增强图片的渲染力。

①特色细分吸引买家。细分出店铺中最具有代表性的商品或者热卖商品的类目，再将细分结果展现在易被买家发现的顶部导航条中，通过特色细分的视觉呈现吸引买家的关注。

②需求细分加强针对性。主要是针对有特定需求的人群进行细分，从而设计宣传广告图片。例如卖家可以利用"显瘦"这个关键词对女装产品进行广告宣传图片设计。

（3）主次原则：传递感染力。

主次原则是突出重点信息，忽略次要信息，以更好地将商品的各类信息展现给买家。进行广告图片设计时，要注意忽略常见的且不具备个性感和展现力的卖点，专注于将商品的特性淋漓尽致地表现出来，用显著的卖点吸引买家。

（4）情感原则：增加凝聚力。

最常见的服装视觉推广设计就是广告图片的设计，但是同样受商品同质化问题的影响。因此，在广告图片中加入情感诉求，从深层次挖掘商品与买家之间的情感联系，有利于传达出商品的附加值。例如，在服装电商的广告图片中传递亲情、爱情、友情、怀旧、

视觉营销是营销技术的一种，指通过可视化的视觉体验达到产品营销或品牌推广的目的。通过视觉的冲击和审美视觉感观提高顾客兴趣，达到产品或服务推广的目的。

追求个性等情感。

2. 主图和详情页的设计

在搜索出的商品展示在买家面前时,留住买家,主图是关键,所以应对宝贝主图进行优化,并进行详情页的设计。

(1)主图设计。

商品主图是在淘宝网中搜索相关关键词后,搜索结果页面出现的商品图片,在自然搜索中,商品的点击和浏览都由主图引发。

①依卖点挑选模特。模特的作用主要是展示商品的直观效果,特别是服装类商品,把宝贝穿在模特身上才能更直接地让顾客感知商品的上身效果,从而激发顾客的购买欲望,模特的形象气质、动作、造型与商品的卖点应契合。

②商品性质决定背景图样式。为凸显商品的视觉效果,还需要搭配一个合适的场景,这个场景需突出商品的表现效果。表4-1所示的是对部分一级类目的商品选择背景和模特的建议。

表4-1 部分服装类目商品选择背景和模特的建议

类目		背景	模特	类目	背景	模特
女装	上装	生活背景最优	有	童装	白色背景或者生活背景	有
	下装	白色背景最优,彩色背景次之	不重要	内衣	白色背景最优,生活背景次之	有
男装	上装	白色背景最优,彩色背景次之	有	箱包	白色背景最优,生活背景次之	不重要
	下装	白色背景最优,彩色背景次之	不重要	居家服	生活背景最优,白色背景次之	不重要
运动装	运动鞋	白色背景	无	围巾	生活背景最优,白色背景次之	有
	户外	白色背景	无	女鞋	白色背景最优,生活背景次之	有

③构图方式。不同的构图方式可以带给买家不同的美感,起到不一样的视觉引导作用,也能从侧面彰显卖家的艺术情操和专业素养。可以采用居中对称构图法、斜线构图法、九宫格构图法、花样构图法、错落构图法等构图方式。

(2)商品详情页设计。

商品主图由于图片大小和数量的限制,不能全面地展示商品的整体效果,需要在商品详情页进一步展示。详情页的布局可以根据买家浏览习惯来制定,如表4-2所示,是电脑端详情页的通用排版模式。

表 4-2 电脑端详情页的通用排版模式

序号	板块内容	详情内容
1	关注+优惠券	展示优惠券,增加店铺关注与收藏
2	主图	五张图,突出商品卖点
3	推荐+活动	推荐性价比高的热卖商品和营销活动
4	商品详细描述	服装的颜色、材质、做工、尺寸表等
5	模特图	模特试穿效果的展示
6	商品细节图	展示商品的细节,如做工、款式造型等
7	场景图	在不同的场景展示商品,增加商品的真实性
8	搭配推荐	推荐搭配的商品,以提升客单价
9	购物须知	对物流、售后等进行告知

这些内容板块是商品详情页中较为基础的部分,在此基础上,卖家还可添加更多的内容,以丰富商品详情页的内容,提高信息的说服力。

移动端详情页一般有4页10屏。在发布商品时,商品的基本信息是电脑端和移动端共用的数据,但商品的其他描述内容可以分开设置。

三、客服服务

服务是具有无形特征,却可以给人带来某种利益或满足感的活动。网购过程中,客服是买家与店铺沟通的桥梁,能够引导、促成、帮助顾客购买商品,可以增加服务的附加值,提高客单价,并且能够维护顾客群体。

1. 客服服务的理念

网购是在虚拟的网络上进行的,客服是买家和店铺沟通的渠道,因此需要树立服务理念来对客服工作进行指导。

(1)以顾客为中心。

客服的工作目标就是让顾客心情舒畅,为顾客排忧解难。客服人员应尊重顾客的选择和决定,对于顾客的选择,客服不能干涉、阻挠,要以顾客的意愿为主,尊重并赞赏顾客的选择,以热情的态度欢迎顾客的到来,以热情的态度回答顾客的问题。

(2)以服务为宗旨。

客服对顾客的服务是多方位、具有持续性的,要着眼于顾客未来的购买需求。如利用节假日、顾客生日等良好契机给顾客发送祝福信息,提升顾客满意度。

(3)以诚信为原则。

在网购中,"买家秀"和"卖家秀"的差异时常存在,要避免这种情况带来的负面影响,就需要提升店铺和客服的诚信度。首先，客服要诚实回答顾客的问题，诚实告知顾客商品的优缺点，诚实向顾客推荐合适的商品。例如，某件衣服的尺码和款式不适合某位顾客，客服就不要让顾客仓促购买，可以建议顾客更换产品。其次，已经给予顾客的承诺要切实履行。例如，在赠品承诺上，客服一定要对答应赠送的礼品做单独检查，不能让顾客失望；对发货时间的承诺也要严格遵守，按时发货。

2. 客服的服务技能

从客服与顾客的沟通过程来看，咨询后能否转化为实际购买关键是看客服的工作能力。客服不仅要尽力促成交易，还需要考虑提高客单价，增加店铺利润。

（1）熟知平台规则。

任何电子商务平台都有规章制度。以淘宝网为例，淘宝网制定了一系列的规则制度，涉及产品、交易、营销、准入等方面，并针对天猫商城、淘宝店铺、聚划算等制定了专门的规则。

卖家在出售商品的整个过程中违背电子商务平台相应规则的行为称为违规行为。客服岗位的违规行为一般有滥发信息、虚假交易、违背承诺、恶意骚扰等，客服需要仔细阅读相关规则，以免受违规处罚。

（2）懂得沟通话术。

在网络上与顾客交流，热情而不谄媚、礼貌但不做作的话语能够拉近客服与顾客的距离，让两者之间的交流更加顺畅。

良好的第一印象是客服与顾客顺利交流沟通的前提，欢迎话语显得十分重要。例如，您好，我是××号客服，很高兴为您服务，有什么可以为您效劳的？

重视顾客的感受，尊重顾客的购买要求和建议，通过话语让顾客觉得受到重视。例如，非常抱歉给您造成这样的困扰，由于双十一订单较多，我们会尽快发出您的快递，您提出的发××快递的要求，我也会努力与物流部门联系沟通，让您久等了，我们万分抱歉。

客服在工作时要学会拒绝与店铺利益相违背的要求，与面对面拒绝相比，通过网络拒绝能够在一定程度上缓解尴尬，但在拒绝的方式上依旧要注意。例如，店铺规定××地区才能享受包邮优惠，其他地区因为路途较为遥远，没有办法进行包邮，真的很抱歉，请您见谅。

客服也需要感谢顾客给予的交易机会，感谢他们的真诚信赖。例如，××（店铺名称）五周年庆开始啦！我们对您的支持表示最衷心的感谢，这五年有您的陪伴，我们无限感激，您的支持是我们长久以来不懈向前的动力源泉。

（3）熟知店铺商品。

一名合格的客服必须对店铺的商品十分熟悉，主要涉及以下几个方面。

①商品的性能特点：主要是指商品的材质、特性等。如服装材料有棉、麻、毛、丝等，客服需要对这些服装材料的特性十分了解，才能更好地介绍商品。

②商品的尺码大小：商品的尺码按大小、重量、容量和长度等参数进行划分，方便顾客选择适合自己的商品规格。如服装的尺码大小以胸围、腰围等参数为依据制定，客服人员应能够按照顾客的身材数据推荐相应尺码的服装。

③同类商品的比较：对比同类商品，找出本店商品的优势和劣势。如客服应该对自家店铺的服装商品的面料、设计、款式、板型、厚度等都心中有数。对于同类商品也要进行了解，这样既可以在解除顾客疑虑时拿出直接证据，也能让顾客更加清楚同类商品的优劣，突出自家商品的优势。

④商品的搭配：为了更好地展示商品的优势，可与其他相应的商品进行配搭。如女装风格常见的有韩版风格、英伦风格、复古风格、可爱风格、OL风格、通勤风格、淑女风格，客服应能够根据顾客的需要推荐相应风格的商品。

（4）处理交易纠纷。

在网购过程中发生纠纷是常有的事，交易纠纷的处理，能够锻炼客服的应变能力、心理承受能力等。面对纠纷，客服应该积极应对，对症下药，可以从倾听顾客的诉求、分析顾客抱怨的原因、正确及时解决问题、记录顾客的抱怨与问题解决情况、跟踪调查顾客对于纠纷处理的反馈五个环节来进行交易纠纷处理，逐步积累工作经验。

（5）维护顾客关系。

网店通过满足顾客个性化的需要、提高顾客忠诚度，与顾客建立起长期、稳定、相互信任的密切关系，维护顾客关系显得尤为重要。

首先，客服需要建立顾客档案。客服可以进入操作后台，在顾客基础资料中记录顾客的相关信息，包括姓名、电话、住址、购买次数、客单价等，然后根据资料可以将客户划分为几个等级，如普通会员、高级会员、VIP会员等。客服可以利用节假日、顾客生日等良好契机给顾客发送信息，唤醒顾客的记忆，加深顾客对网店的印象。

其次，客服需要留住新客、拉住熟客。网店的持续发展靠的是顾客的支持，客服需要认清新老顾客对店铺发展的不同意义，并在提高顾客满意度和忠诚度上下功夫。如客服可以提供专享服务、超值服务等不同服务模式来满足新老顾客的需求，通过千牛、QQ、微信和微博等工具来进行顾客关系维护。

最后，客服需要挖掘潜在顾客。潜在顾客主要来源于店铺的浏览者和关闭交易的顾客两个方面。以关闭交易的顾客为例，客服可以在后台看到所有关闭交易的订单信息，单击"详情"链接，就能查询到顾客关闭交易的次数。客服可以针对关闭交易的顾客进行调查，抓住顾客需求，主动出击。询问出顾客关闭交易的真正原因，如果是合理的并且可以解决的问题，客服要尽量争取留下顾客；如果顾客所提出的要求是让人为难的，则友好地表示欢迎下一次的合作。

四、数据解析

数据是店铺运营情况的直接反映，必须依靠数据不断优化经营策略。例如，店铺商品销售情况不好，不是仅仅分析商品的流量数据或转化率就能解决问题，还需要将流量、转化率、收藏量等数据相结合进行分析，才能为运营提供帮助。下面对淘宝店铺运营的常用数据进行解析。

1. 基础统计类

（1）浏览量（PV）。

浏览量是店铺各页面被查看的次数。用户多次打开或刷新同一个页面，该指标值累加。

（2）访客数（UV）。

访客数是全店各页面的访问人数。所选时间段内，同一访客多次访问会进行去重计算。

（3）收藏量。

收藏量是用户访问店铺页面过程中，添加收藏的总次数（包括首页、分类页和宝贝页的收藏次数）。影响收藏量的主要因素有详情页、活动、客服技巧、评论等。

（4）跳失率。

跳失率表示顾客通过相应入口进入，只访问了一个页面就离开的访问次数占该入口总访问次数的比例。

（5）人均店内停留时间（单位为秒）。

人均店内停留时间是所有访客的访问过程中，平均每次连续访问店铺时的停留时间。

2. 销售分析类

（1）拍下件数。

拍下件数是宝贝被拍下的总件数。

（2）拍下总金额。

拍下总金额是宝贝被拍下的总金额。

（3）客单价。

客单价＝成交金额/成交用户数。单日客单价指单日每位成交用户产生的成交金额。

（4）成交回头客。

成交回头客是曾在店铺发生过交易，再次发生交易的用户。在所选时间段内会进行去重计算。

(5)全店成交转化率。

全店成交转化率 = 成交用户数 / 访客数。单日全店成交转化率指单日成交用户数占访客数的百分比。

(6)宝贝页(促销)成交转化率。

宝贝页(促销)成交转化率是参与宝贝促销活动的成交用户数占宝贝页访客数的百分比。

3. 直通车数据类

(1)展现量。

展现量是推广宝贝在淘宝直通车展示位上被买家看到的次数,不包括自然搜索。

(2)点击量。

点击量是推广宝贝在淘宝直通车展示位上被点击的次数。

(3)点击率。

点击率是推广宝贝展现后的被点击比率(点击率 = 点击量 / 展现量)。

(4)平均点击花费。

平均点击花费是推广宝贝每次被点击所花的平均费用(平均点击花费 = 总花费 / 点击量)。

(5)平均展现排名。

平均展现排名是推广宝贝每次被展现的平均排名(平均展现排名 = 每次展现排名的加总 / 展现量)。

第三节 服装网店推广策略

推广是网店运营的关键所在,合适的推广活动可以让店铺和商品得到最大限度的展现,只有展现的机会增多,才会有更高的点击率和转化率。

淘宝网的推广推崇单品,即主推的是商品而不是店铺,因此,会出现"爆款"比店铺更有名的现象。

一、常用网店推广方法

店铺的推广方法有多种,有淘宝网的站内推广和活动推广,也有站外的社群推广等。由于不同推广渠道所具有的针对性和广泛性不同,所带来的推广效果也是不一样的,因此,卖家可以根据店铺的定位和性质选择推广渠道。

1. 免费推广渠道

站内推广渠道如聚划算、淘金币、试用中心、天天特价等,只要店铺满足各活动的基本要求就能参加。站外推广渠道如微信、QQ、微博等，对于卖家来说有很大的应用价值。

（1）站内推广渠道。

天天特价是参加促销活动的首选。卖家需要参加什么样的活动就单击进入，按系统提示报名即可，其操作流程非常简单。参加天天特价的是系统根据商品、店铺等综合评分筛选出来的优质商品。系统评估的维度包括店铺动态评分、宝贝最近7天的转化率、宝贝评分以及是否存在差评。

淘金币是淘宝网为用户提供的虚拟货币，买家可以用金币抵扣现金。淘金币只对集市卖家开放，集市店铺需要满足一定条件才能参加淘金币活动。

淘宝试用中心是全国较大的免费试用中心、较专业的试客分享平台。试用中心聚集了上百万份商品的试用机会以及广大消费者对各类商品全面、真实、客观的试用体验报告，可为消费者的购买提供参考。

聚划算是淘宝网的团购平台，能够引流、带动关联销售、聚拢人气、提升品牌知名度、清理库存等。在选择参加聚划算活动的商品时，可从市场接受度、时间维度两方面考虑。市场接受度方面主要考虑价格、款式、竞争度、消费习惯等因素，时间维度方面主要考虑商品的应季性。

（2）站外推广渠道。

常见的站外推广渠道有论坛上的软文推广、百度知道推广、聊天工具中的QQ群推广和微信推广等。

论坛是交流的平台，同时也可以做推广，不同的论坛上汇集了不同的人群。如卖婴儿用品或孕妇用品的卖家，可以上育儿论坛，在该类论坛上有关于孕期、育儿的话题，可以挖掘隐藏在论坛中的目标客户。

在百度知道上回答网友的提问，提问的网友和看到该条提问的读者就是潜在顾客。如卖宠物服饰的卖家，可以在百度知道上回答与宠物服饰相关的问题。如果网友对回答满意，就会搜索回答中提到的产品，这就为店铺带来了流量。

社交工具推广主要是利用QQ和微信，通过创建群组、使用QQ空间和朋友圈，向身边的好友推荐店铺和商品，只要当中有小部分人购买了商品，可能就会通过分享的方式让更多的人知道，从而达到"一传十，十传百"的推广效果。

2. 付费推广工具

淘宝网的付费推广工具主要有淘宝直通车、钻石展位和淘宝客，能够帮助卖家引流，更好地经营店铺。

（1）淘宝直通车。

淘宝直通车是按点击付费的营销工具，通过买家搜索将推广的宝贝展示在搜索页面

小贴士

竞价推广是把企业的产品、服务等以关键词的形式在搜索引擎平台上做推广，它是一种按效果付费的搜索引擎广告。

竞价排名是一种按效果付费的网络推广方式。企业在购买该项服务后，通过设置一定数量的关键词，其推广信息就会率先出现在买家相应的搜索结果中。

的右侧和底部，能够实现商品的精准化推广。淘宝直通车的操作流程基本上包括如下几个环节：登陆淘宝直通车后台账户系统、选择推广计划、选择推广商品、编辑推广内容、选择推广关键词、设置默认出价。

淘宝直通车的实际扣费 = 下一名出价 × 下一名质量得分 / 卖家的质量得分 +0.01 元，质量得分可以在淘宝直通车中查看，是 1～10 的某个值。根据扣费规则，可以通过质量得分和卖家的出价来改变直通车的综合排名。

（2）钻石展位。

钻石展位是图片类广告竞价投放平台，依靠图片创意吸引买家的点击，从而获取巨大流量。钻石展位提供淘宝网站内的展示位置，常见的就是首页焦点图、垂直频道图、收藏夹底部小图、旺旺每日弹窗小图等，每个展示位置的出价成本和流量引入效果是不同的。

钻石展位的计费方式与淘宝直通车的不同，淘宝直通车是按点击付费的，而钻石展位是按展现人次付费的，钻石展位的这种计费方式被称为"CPM 广告模式"。钻石展位的实际扣费 = 下一名出价 +0.1 元，点击单价 =CPM 单价 /1000× 点击率。实际扣费是根据计划中每日的预算决定的，同时受下一名出价的影响。钻石展位竞价结果决定商品是否被展现，出价高的会优先展示。

（3）淘宝客。

淘宝客是一种按成交付费的推广模式，也指通过推广赚取收益的一类人。淘宝客从淘宝客推广专区获取商品代码，任何买家经过其推广（链接、个人网站、博客或者在社区发的帖子）进入淘宝卖家店铺完成购买后，淘宝客就可得到由卖家支付的佣金。简单来说，淘宝客就是指帮助卖家推广商品并获取佣金的人。

淘宝客选择推广的商品时会考虑以下几个方面：是否应季、性价比是否高、商品库存是否充足、是否有不错的销量、好评率高不高以及商品的市场竞争状况。应季、销量高、

CPM 是 cost per mille 的简写，表示每千人成本，也就是在广告投放过程中，卖家针对看到某广告的每一人平均花费的广告成本。

评价好、库存多的宝贝，肯定是店铺首推的商品。淘宝客佣金设置有一个基本的范围，一般为5%～50%，根据所选商品的不同，所设置的佣金也有所不同。

二、打造服装单品"爆款"

所谓"爆款"，就是销量非常大的商品，主要特征为高流量、高展现量、高订单量。"爆款"能够带来流量，也能带动店铺的关联销售，同时能够减少店铺推广费用。

1. "爆款"服装的必备因素

对于服装网店来说，店铺内商品琳琅满目，如何找到可能成为"爆款"的商品呢？以下就总结一下服装店铺中"爆款"商品应该具备的因素。

（1）服装款式受众广。

某款商品要成为"爆款"，首要条件就是大众化，受众面广，只有受众面比较广的时候，才能产生巨大的销量。在服装类目中，一般从服装风格或者款式分类等方面来判断商品是否大众化。卖家可以根据本类目商品统计数据来进行判断。

（2）服装价格低价化。

淘宝网的"爆款"服装销量都上万，甚至达到十万以上。这些服装商品有一个共同点，即价格都较低，基本上在100元以内。在打造服装"爆款"时，价格不宜超过100元。

（3）商品利润微薄化。

一般高流量、高订单量的商品价格都不会太高，价格越低，相对利润就越低，因此，"爆款"成为店铺的主要利润来源是比较难的。

（4）服装选择多样性。

"爆款"服装应该给买家提供多样性的选择，主要体现在服装颜色和尺码方面，这样可以满足买家对服装颜色和尺码的个性化需求，以此覆盖更多的买家。

（5）服装应季性。

服装是季节性很强的商品，因此在商品需求最旺盛的时候才有最高的人气和销量。"爆款"是需要预先营销的，在预先营销过程中聚集人气和销量。

2. 打造"爆款"服装的流程

"爆款"的打造没有固定的模式，但是有一个基本的流程，具体如下。

（1）挑选潜质"爆款"。

除服装品牌店铺外，一般服装店铺都有一个主营类目，卖家应选择主营类目中的商品打造"爆款"。结合上述"爆款"服装的必备因素，以及预先营销过程中的人气和销量，挑选多个适合店铺的潜质"爆款"。

（2）依据市场定款。

针对选出的多个潜质"爆款",依据市场行情来定款。一是通过搜索关键词调查不同款式的商品数,选择商品数相对较多的款式;二是搜索关键词查看销量数据,选择市场需求量大的款式。

(3)利用淘宝直通车测款。

淘宝直通车不仅是精准推广的工具,还可以用来打造"爆款"。

①测试相似款式。从多款相似的潜质"爆款"中挑选最受市场欢迎的款式,就需要为每个商品制订一个淘宝直通车推广计划,在投放时间、平台及推广费用保持一致的条件下,选择点击率最高的服装商品。

②测试创意图。为不同的创意图制订不同的淘宝直通车推广计划,不同的推广计划保持一致的设置,从而为优化创意图设计提供依据。

③养关键词。"养词"是从点击率数据中测试关键词的效果,主要是为后期推广确定排名靠前的关键词。对关键词要进行不断优化,并且实时更新调整精准词的出价。

(4)打造"爆款"详情页。

如果潜质"爆款"在测试阶段有了较好的点击量,下一步就需要关注转化率。转化率和商品详情页有着密切关系,可以从服装海报、关联销售、商品特色、商品尺码、商品细节、模特效果图等方面展开详情页的设计。

本 / 章 / 小 / 结

随着电子商务的迅速发展,越来越多的服装商家将自己的店铺搬到网上。本章以淘宝网平台为例,讲述了服装网店的开设与运营,介绍了店铺的开设、店铺装修、视觉营销、客服服务、推广工具、"爆款"服装的必备因素及打造流程。

思考与练习

1. 分析消费者的网购动机。

2. 谈谈提高转化率的方法。

3. 结合服装行业,分析服装网店的选品与定价策略。

第五章

服装网络营销

章节导读 网络营销作为电子商务的重要组成部分，是借助互联网完成一系列营销推广以达到营销目标的过程。服装网络营销将现代网络技术应用于服装营销过程，注重以客户为中心，不仅仅是在网上销售服装产品，还对服装企业现有营销体系进行有效补充和提升。

第一节 服装网络营销概述

网络营销是伴随着信息技术、网络技术的发展而产生的，是在传统营销的基础上发展而来的。网络营销重点关注商品的宣传和市场的推广，是为完成交易提供技术支持，不是一个完整的市场交易过程，而电子商务是电子化交易的全流程，因此，网络营销是电子商务的一个重要组成部分，发挥着信息发布的作用。

一、网络营销概述

1. 网络营销的概念

网络营销涉及多个学科的知识，目前认同较为广泛的定义如下：网络营销就是以互联网络为基础，利用数字化的信息和网络媒体的交互性来辅助营销目标实现的一种新型的市场营销方式。网络营销就是以互联网为主要手段，为达到一定的营销目的而进行的营销活动。从狭义上来说，网络营销是指以互联网为载体从事的营销活动。从广义上来说，网络营销是市场营销的一种新的营销方式，它是企业整体营销战略的一个组成部分，是为实现企业总体经营目标所进行的、利用信息技术手段，为销售产品和服务用户等进行的营销互动的总称。

2. 网络营销的基本职能

（1）树立网络品牌。

网络品牌建设是以企业网站建设为基础，通过一系列的推广措施，推动顾客和其他公众对企业的认知和认可。

（2）网站推广。

网站推广是网络营销基本的职能之一，可以让更多的用户对企业网站产生兴趣并通过访问企业网站内容、使用网站的服务来达到提升品牌形象、促进销售、增进与顾客的关系、降低顾客服务成本等目的。

（3）信息发布。

网站是一种信息载体，通过网站发布信息是网络营销的主要方法之一。信息发布需要一定的信息渠道资源，最终将信息传递给目标人群。

（4）销售渠道。

网上销售渠道不限于企业网站本身，还包括建立在综合电子商务平台上的网上商店，以及与其他电子商务网站不同形式的合作等。

（5）顾客服务。

互联网提供了方便的在线顾客服务手段，包括常见问题解答平台以及在线论坛和各种即时信息服务平台等。

（6）网上市场调研。

网上市场调研是指在互联网上针对特定营销环境进行信息搜集、整理和分析，达到了解顾客需求、市场机会、竞争对手、行业潮流、分销渠道以及战略合作伙伴的目的。

（7）消费者行为分析。

要开展有效的网络营销活动必须深入了解网上用户群体的需求特征、购买动机和购买行为模式，即应进行消费者行为分析。

3. 新媒体营销概述

通俗来讲，新媒体是有别于传统媒体（报刊、广播、电视等）的伴随信息技术发展起来的一种新的媒体形态，包括网络媒体、手机媒体、数字电视等。新媒体的概念比较宽泛，是利用数字技术、网络技术，通过互联网、宽带局域网、无线通信网、卫星等渠道，以及计算机、手机等终端，为用户提供信息和娱乐服务的媒体。严格地说，新媒体应该称为数字化新媒体。

新媒体营销是基于特定产品进行概念解析与问题分析，对消费者进行针对性心理引导的一种营销模式。从本质上来说，就是利用新媒体平台，借助新媒体进行概念表达与舆论传播，使消费者认同某种概念、观点和分析思路，从而达到品牌宣传、产品销售的目的。

自媒体又称"公民媒体"或"个人媒体"，是私人化、普遍化、自主化的传播者，以现代化、电子化的手段，向不特定的大多数人或者特定的单个人传递规范性及非规范性信息的新媒体的总称。自媒体具有传播信息个性化、传播关系一体化、传播渠道多样化、传播速度迅捷化等传播特质。常见的自媒体营销平台包括QQ、微信、微博、博客、论坛、门户自媒体（如百度百家号、今日头条、知乎、豆瓣）等。

> **小贴士**
>
> 自媒体营销就是利用社会化网络、在线社区、博客、百科、短视频、微博、微信、今日头条、百度、搜狐、凤凰、UC等平台或者其他互联网协作平台和媒体来传播和发布资讯，从而实现营销、销售、公共关系处理、客户关系维护及开拓等方面目的的一种方式。一般自媒体营销工具包括论坛、短视频、微博、微信、今日头条、百度、搜狐、凤凰、UC、博客、SNS社区等，主要方式是将文字、图片和视频通过自媒体平台或者组织媒体平台进行发布和传播。

新媒体和自媒体相比，从体量以及所表达内容的丰富程度来看，自媒体更小、更精准，某种意义上是指"一个人的媒体"，更加偏向于个人；新媒体则更侧重于平台（或者说渠道），相对更加广泛。

二、服装网络营销

1. 服装网络营销的概念

服装网络营销就是将网络营销的理论和实践引入服装领域，是服装产业借助现代信息技术搭建平台，将网络技术应用到服装产品的设计、采购、生产直到销售的全部经营过程中，以实现服装企业整体营销战略目标的一种营销手段。

在中国，先是低端服装加工企业和外贸企业开展了网络营销，随后低端服装经营商和品牌零售商也开始实施网络营销，到现在服装网络营销已经进入了发展的爆发期。大量的传统服装品牌企业通过入驻B2C平台来开展网络销售业务，同时，服装企业通过建立网络旗舰店、网络专卖店的形式开展网络销售业务。

2. 服装网络营销与传统营销的不同

服装网络营销作为一种新型的营销方式，改变了消费者对于产品、价格、产品信息的认知，与传统营销大不相同。

（1）产品方面。

服装网络营销借助互联网，可以获得消费者对于服装产品和广告的反馈，从而更加容易对消费者行为方式和偏好进行跟踪和分析。借助互联网和大数据手段，可以实现服装产品的个性化定制，同时，也可在互联网上通过互动设计方式来满足消费者的个性化需求。

（2）定价方面。

服装网络营销可以帮助服装企业节省促销和流通的费用，降低成本，了解竞争对手和市场现状，为产品定价提供支持。同时，消费者通过互联网可以搜索价格优惠的产品，甚至可以绕过中间商向生产者直接购买。

（3）渠道方面。

服装网络营销渠道的建立十分方便、快捷。从零售市场来看，网络虚拟商城能大幅度降低渠道成本，传统的服装实体零售店正面临在线销售的冲击。通过互联网，服装企业可以与最终用户直接联系，降低中间商的影响。

（4）营销方面。

服装网络营销是以顾客为焦点，一切围绕顾客成为最关键的营销方式。网络时代的竞争是透明的，人人都能掌握竞争对手的产品信息与营销方式。因此，有效获取、分析、运用来自网络的信息十分重要。

3. 服装新媒体营销策略分析

（1）服装品牌传播的差异化策略。

服装企业为了满足自身发展的需要，一般实施品牌传播差异化战略，采用如下的方法。

一是差异化的品牌定位，即塑造本企业品牌与竞争者品牌之间的差异性，从而在消费者心中占据一定的位置。在新媒体背景下，服装品牌受众主动性增加，只有充分了解消费者的需求，才能够得到消费者的认可。精确的服装品牌定位能够为企业进入以及拓宽市场起到一定的指导作用，而且也是实施服装品牌营销的必要条件。因此，服装企业需要从服务理念、设计风格以及目标群体等方面入手，塑造鲜明的品牌差异化定位。

二是满足受众差异化的需求。受到经济发展和科学技术进步的影响，受众的需求发生了一定的变化。受众需求变化的内在动力是经济的发展，而为受众需求变化创造现实条件的是科学技术的进步，原因在于科学技术进步促使新产品的涌现。

（2）服装品牌传播的整合化策略。

整合营销传播一般是指以消费者为核心，综合地使用各种形式的传播方式，以统一的目标和传播形象传递内容相同的产品信息，促使产品在消费者心中树立地位，这样能够达到产品营销的目的。在新媒体时代，服装企业必须实施内容整合，即将不同的传播媒介视为信息终端，统一地进行传播内容设计和制作。服装企业可以通过内容的整合，在不同的信息终端之间建立联系，这样能够实现产品信息的共享，实现差异化的互补。

在新媒体的环境下，受到传播主体增多和传播内容海量化的影响，大众的注意力被高度分散，而通过传播渠道之间的整合，能够在各个媒体之间形成优势互补。

（3）服装品牌利用网络口碑提升知名度。

口碑通常是指消费者之间对特定品牌的评价，口碑对大众的消费趋势起到引导的作用。随着网络的发展，网络口碑逐渐建立起来，这种以网络媒体为依托建立的、以人际传播方式传播的信息能够迅速地被大众所接受。形成网络口碑的前提是企业的产品要以某种方式融入消费者的交流中，获得消费者在使用产品过程中和使用后的产品体验。服装企业想要达到口碑传播的正面效果，必须以消费者为中心，提供高质量的产品和服务。

三、网络营销方法

在竞争激烈的互联网时代，企业需要通过网络营销挖掘线上的潜在用户。常用的网络营销方法如下。

1. 微信营销

微信是腾讯公司推出的一种通过智能终端提供即时通信服务的应用程序。微信营销主要是指企业利用微信公众平台，向用户传递有价值的信息，从而提升企业品牌价值和产品知名度、优化服务体验等的网络营销模式。目前微信营销的方式主要是建立公众号，然后进行运营推广和统计分析，已经形成了一种成熟的线上线下微信互动营销方式。

（1）服装微信营销的优势。

①庞大的用户数据。微信用户数量多、覆盖广、层次丰富，用户之间传播性强。微信用户已达到8亿以上，因此，微信可以为服装企业提供丰富的用户数据，帮助企业分析消费者需求。

②精准营销。企业可以用微信公众平台将用户信息回收，对用户信息进行整合分类，借助数据分析、数据挖掘等技术进行有针对性的分组服务，并能够通过移动终端、社交群和位置定位，将消息精准地推送给每个消费者，实现精准营销。

③节约成本。微信是目前用户较多的社交平台之一，其覆盖面极广、信息的传播速度快，掌握适当的方式可使企业在低成本下实现宣传产品的目的。此外，还能通过朋友圈和口碑传播让消费者建立对品牌信任感。

④传播方式多样。客户经常利用手机终端获取所需要的服装商品的相关信息。微信可以通过文字、图片、语音、视频等方式传播信息，让品牌的宣传更加多元化，不再停留在单调的文本信息传播。

（2）服装微信营销的策略。

①推广账号、扩大用户群。固定的消费群体是企业进行微信营销的基础，企业还需要不断地吸纳新的消费者，通过不同的渠道宣传自己的产品。微信营销也有不同的方式，除了利用企业自己的订阅号、公众号，可以在时尚资讯类的知名公众号上进行广告宣传，与其他公众号合作进行相互推广等，还可通过营销人员以及客户的朋友圈进行口碑宣传，培养用户社群等。

②微信内容的运营。要抓住消费者的眼球，先得了解目标消费群体的兴趣点，掌握他们的阅读习惯，进而开展有针对性的微信公众号内容营销。通常来讲，吸引人眼球的图文配以适当的促销以及产品推介是比较容易让人接受的。

在内容方面，大致可以从三个方面入手。一是生活资讯。热点事件的追踪、时尚潮流的趋势分析、生活乐趣的演绎等都是能够引起大众关注的内容，可结合客户群体的特征用适当的方式呈现出来。二是促销内容。打折是能够激起客户购买欲的促销方式，通过价格对比、限时抢购，通常能获得较好的销量。三是产品推介。产品推介的内容要足够吸引人，让客户愿意花时间看。把一些关键词放在醒目的位置，让人一眼就能捕捉到关键信息，比如价格、季节、模特等。

③加强互动营销，培养忠实用户。较之于传统媒体营销，微信营销更加灵活，直接面对屏幕另一端的客户，沟通起来方便、快捷。企业需要充分利用这一优势，加强与客户之间的互动。营销不仅仅是产品的营销，也是一种信任的营销，倘若天天聊产品，也会变得索然无味。营销产品的同时可以进行相应的情感培养，建立信任的纽带，让整个营销过程充满人情味。好的用户体验有助于培养稳定的客户群，客户黏性较高，在消费转化率提升上有着比较好的效果。

④注重用户分享。在网络上，用户对产品的评价很大程度上影响着潜在购买者的购买意向，企业和营销人员需要引导客户对产品做出评价，并对这些评价做适当的整理，将它们展现在消费者面前，通过一系列的分享营造出良好的营销氛围，提升整体营销效果。企业整体营销战略应涵盖线上线下，除了微信营销，还应借助线上其他平台比如微博、淘宝，以及线下实体店等，通过多种渠道全方位进行营销，做到线上线下相互结合、相辅相成。

2. 社群营销

社群简单来说就是一群人的集合，它是在某方面拥有共同认知（共同的兴趣爱好、共同的价值观等）的人聚集在一起进行协作的群体，是移动互联网和新媒体发展过程中的产物。常见的社群类型有围绕精神领袖的社群、围绕优秀产品的社群、围绕体验和服务的社群。社群平台主要有QQ、微信、直播平台等。

服装企业进行社群营销致力于引发集群效应，希望消费者能够以自己的品牌为中心聚集在一起，使产品成为消费者生活中必不可少的一部分。社群营销不以吸引全体消费者的注意力为目标，而是通过影响部分消费者，让他们再去影响剩余的消费者，从而形成一个相对稳定的产品消费社群。

3. 微博营销

微博营销是指通过微博平台为商家、个人等创造价值而执行的一种营销方式，也是指商家或个人通过微博平台发现并满足用户的各类需求的商业行为方式。微博营销以微博作为营销平台，每一个粉丝都是潜在的营销对象，企业利用微博向网友传播企业信息、产品信息，树立良好的企业形象和产品形象。定期或不定期更新内容或者发布大家感兴趣的话题，跟大家交流互动，以此来达到营销的目的。

微博的即时性、便捷性、互动性等特点利于开展营销活动。微博营销注重价值的传递、内容的互动、系统的布局、准确的定位。微博平台的发展也使得其营销效果尤为显著。微博营销涉及的范围包括认证、有效粉丝、朋友、话题、名人微博、开放平台、整体运营等。微博营销的优势有：①用户群体庞大；②二次传播效果好；③在线服务便捷；④便于舆情监测和危机公关。

4. 搜索引擎营销

搜索引擎营销就是根据用户使用搜索引擎的方式，利用用户检索信息的机会尽可能将营销信息传递给目标用户。简单来说，搜索引擎营销就是基于搜索引擎平台的网络营销，利用人们对搜索引擎的依赖和使用习惯，在人们检索信息的时候将信息传递给目标用户。搜索引擎营销的基本思路是让用户发现信息，并引导用户点击进入网页，进一步了解详细信息。

搜索引擎营销的主要方法包括竞价排名、分类目录登录、搜索引擎登录、付费搜索引擎广告、关键词广告、搜索引擎优化、地址栏搜索、网站链接策略等。

5. 知识类平台营销

知识类平台营销包括问答营销、百科营销、文库营销。

（1）问答营销。

问答营销属于互动营销，是一种新型营销方式，既能与潜在消费者产生互动，又能植入商家广告，是不错的互动营销方式之一。具体方法是遵守问答站点的提问或回答规则，然后巧妙地运用软文，将自己的产品、服务植入问答里面，达到第三方口碑传播效应。国内主流问答平台包括百度知道、知乎、天涯问答、新浪爱问、360问答、搜狗问问等。

（2）百科营销。

百科营销是依托于百科网站平台，以建立词条（对各种事物、现象等的概念进行解释的条目）或者编辑已有词条的形式进行宣传推广，从而达到提升品牌知名度和树立良好企业形象等目的的营销活动。

国内主流的百科网站平台有百度百科、搜狗百科、360百科和互动百科。

（3）文库营销。

文库营销主要就是指企业将整理的或者原创的与企业业务相关的内容编辑成文档之后上传到文库平台的一种推广营销方式。在加工文档过程中，可以加入企业的标识或者官网链接，也可以通过认证为企业官方文库账号的方式对企业进行宣传。国内主要文库平台有百度文库、豆丁文库和道客巴巴等。

6. 论坛营销

论坛，也称BBS，可以简单理解为网友发帖、回帖进行讨论的平台。论坛营销就是利用论坛这种网络交流平台，通过文字、图片、视频等方式传播企业品牌、产品和服务的相关信息，从而让目标消费者更加深刻地了解企业的产品和服务，最终达到宣传企业品牌、产品和服务的目的，是一种加深市场认知度的网络营销活动。目前大家熟知的论坛有百度贴吧、天涯社区、猫扑等。

论坛营销通常需要软文支持，在此基础上实现时间营销、精准营销、口碑营销。

7. 网络视频营销

网络视频营销是指基于视频平台，以内容为核心，以创意为导向，利用精细策划的视频内容达到产品营销与品牌传播的目的。

网络视频是"视频"和"互联网"的结合，具备二者的优点，既有电视短片营销的优点（如感染力强、形式内容多样、创意新颖等），又有互联网营销的优势（如互动性、主动传播性强，传播速度快，成本低廉等）。视频包含电视广告、网络视频、宣传片、微电影等。视频营销归根结底是营销活动，因此成功的视频营销不仅要有高水准的视频，更要发掘内容的营销亮点。常用视频平台有抖音、快手、火山小视频等。

8. 网络事件营销

网络事件营销是企业以网络为主要传播平台，精心策划可以让公众直接参与并享受乐趣的事件，并通过这样的事件达到吸引或转移公众注意力，改善、增进与公众的关系，塑造企业良好形象的目的，以谋求最佳宣传效果。即网络事件营销是指策划某一个跟企业有关的可热议的话题或事件，通过网络预先发布出去引发公众热议，从而把企业品牌推销出去。

9. 免费试用营销

免费试用营销是一种非常有效的营销方式，通过让用户免费试用企业的新产品不仅可以提高品牌的知名度，还可以达到口碑营销的效果，所有免费试用的用户都可能是后期的回头客户，会达到其他方式所不能及的营销效果。例如制定一个活动方案，允许用户限量免费试用某一种产品，但试用产品的前提条件是要到网站进行注册，并且邀请5人参加，邀请成功以后即可免费领取。目前可利用的平台有淘宝网的试用中心等。

四、服装网络营销方法

1. 利用三维图形等网络技术立体展示服装

对于服装企业来说，宣传展示非常重要。很多顾客在购买服装时，更多地是享受挑选和试穿的过程。因此，服装企业应充分利用网上服装展示技术。首先，利用三维图形等网络技术建立虚拟试衣系统。消费者浏览众多款式服装，挑选几件心仪的需要试穿的服装放在虚拟购物车中，这些放入购物车中的服装在进入试衣系统之后会自动以列表形式呈现出来，便于逐件试穿。通过虚拟试衣让顾客有在实体店购物的真实体验感。其次，利用三维图形触摸技术建立仿真模型。消费者可凭借三维图形触摸技术用人的感官感觉到虚拟三维图形的对象，继而感受服装的面料、薄厚、材质等，激发其购买欲望。

2. 多元化的传播营销方法

服装企业大多数是基于微信与微博平台进行营销宣传，但是其他传播途径（如视频网站和时尚杂志）也对流量产生吸引。因此，开展多元化的品牌传播很有必要。①传播形式的多元化。在品牌传播方面，服装企业、商家可以通过在一些热门的视频网站投放比较有趣的短片，吸引网络用户的目光。②微信品牌传播策略。微信有着庞大的用户规模，是服装企业进行自媒体营销的有效的平台之一。因此，服装企业应当积极展开微信营销，通过微信公众号、订阅号、小程序等途径进行营销。③微博传播策略。微博用户规模几近于微信，在微博上的营销应当注重品牌形象的打造，如在微博上通过发起讨论性话题展开事件营销。④有实力的企业应当建立起自己的官方网站或是App，为消费者提供线上一站式的购物服务。⑤通过参与公益活动、支边活动并将活动的照片或视频上传至官网、视频网站以及微信公众号，以此来提高品牌知名度和树立起良好的品牌形象。⑥与具有较大影响力的时尚杂志合作，在杂志上进行软文植入营销。⑦在百度贴吧等热门自媒体平台制造话题，引发讨论，从而提升自身的知名度，但是制造的话题不能有悖于社会公德，不能游走在法律的边缘。

服装企业在开展网络营销时要采取多元化的策略，同时还要区分这些媒介的特点与社会影响力，也就是说在一些挑战社会道德底线的自媒体平台上勿进行广告投放，因为利用不良的自媒体平台不仅不会对企业的品牌宣传产生良好的效果，反而会对品牌形象造成损害。也就是说，服装企业在开展自媒体营销时一方面要注重传播渠道的多元化，另一方面也要对平台进行区分。

3. 情感式营销方法

情感式营销方法的总体思路是以微信公众号和官方微博为依托，通过赋予了情感的软文，将服务项目"软植入"，通过极具感染力的推文引起消费者心灵上的共鸣，进而激起消费者的消费心理，从而达到营销的目的。具体做法：①无论是微信软文还是微博短文都要突出自身的特色和内容上的趣味性。也就是说，推送的文章要多元与生动，不可每一篇推文都只是简单地介绍服装的品牌、款式、价格等，可以通过介绍服装的搭配方法、流行趋势等来为用户提供知识性的信息，这样才能引起用户关注和阅读推文的兴趣。②微信用户关注公众号的一大推动力就是关注名人明星，因此，服装企业可以利用用户追星和追求时尚的心理，在微信朋友圈、订阅号与公众号推文中有规律地推出明星街拍、影讯等新闻类软文，即通过抓住公众的猎奇心理展开营销。③快节奏的城市生活使得人们对信息的获取逐渐趋向碎片化，一个人完整看完一篇文章的耐心也在逐步消失，因此，服装企业要在推送的内容上做到精益求精，不可长篇大论，用词不应过于死板，而应结合一些时下的流行语进行编辑。

4. 实时互动的关系营销法

网络营销的一个优势就是可激发受众之间的互动性。微信和微博就是服装企业开展网络营销的良好平台。很多服装企业往往将微信公众号打造成品牌投放广告的一个渠道，这种单向营销的方式与消费者存在"隔阂感"。对此，一方面，服装企业应当重视通过微信加强同消费者的双向互动，在服装的价格、款式，乃至于颜色、尺码和面料等方面都可以进行交流，以此激起消费者的兴趣，从而拉近消费者与服装企业的关系。另一方面，服装企业应建立一定的渠道让消费者能够通过微信直接购物，让消费者能够与品牌近距离接触，而不是通过微信平台让品牌成为消费者又一不可接触的过客。如通过回复用户留言以及活动的公布、品牌文化的简介，不仅能够让消费者更多地了解品牌，也能从消费者的建议中了解品牌发展的不足和之后的发展之路。

第二节　服装网络营销策略

购买服装需要体验，在购买过程中需要亲自触摸、现场目测观察以及试穿才能做出购买与否的决定。目前由于互联网技术的发展还有局限，网购服装的体验不够充分，在传统渠道购买服装的体验、感受等在网购中比较难以实现。

一般来讲，服装网络营销与传统营销有以下几个方面的差异。①营销的习惯与经验不同。在传统服装销售模式中，消费者与经销商进行交易时要求比较低，一手交钱，一手交货,这种交易模式中需要一定的交易经验,同时在交易的易达成性方面比网络营销要容易。②购物体验方式不同。传统销售模式中,顾客一般通过试穿来感知服装是否合体以及符合自身的审美,在互联网上,只能通过图文资料和视频来看服装的款式和颜色,通过描述来确定服装的尺寸,这给顾客带来了一定的消费不确定性。③交流互动方式不同。传统服装营销模式下,经销商和顾客能够进行面对面交流,在网络中,只能通过不见面的在线方式交流,双方信任基础薄弱。④传统渠道下,产品的付款、提货,以及售后都比较容易实现,在网络销售模式下,实现这些相对较为困难。

一、服装网络营销产品策略

服装网络营销产品可划分为实物产品、服务产品和信息产品三类。网络营销产品的概念不应停留在"企业能为客户提供什么"的范畴上,而应树立起"客户需要什么,客户想要得到什么"的真正以客户需求为导向的产品整体概念。网络营销产品的概念可以概括为客户所期望的能满足自己需求的所有有形实物和无形服务的总称。

1. 服装网络营销产品概述

服装产品受到社会大环境变化和生产力水平发展的影响而不断地变化,而且始终是备受关注的必需消费品。服装网络营销产品是指服装营销者以互联网为营销媒介,向消费者提供的能满足其服装方面需求的实物或虚拟产品。

(1)服装网络营销产品概念。

如图5-1所示,服装网络营销产品概念可以分为四个层面:功能层面、物质层面、期望层面、附加层面。

①功能层面:指服装产品的基本效用和功能,如服装的保暖性、遮体性。

②物质层面:指服装产品的具体形态,如服装的板型、面料、质量等。

图5-1 服装网络营销产品概念

③期望层面:指顾客对服装产品除基本功能之外的期望,如服装的搭配等。

④附加层面:指由服装产品衍生的相关服务,如快递服务等。

(2)服装网络营销产品特征。

服装网络营销产品融合了服装产品和网络营销的特性,并且产生了一些新的特征。

①服装网络营销产品成本低、营销周期短。由于服装产品具有流行性和周期性,加上网络开店成本低以及网络信息传播速度快,所以通过网络销售的服装产品要不断地更新才能吸引顾客的眼光,整体产品的更新和营销周期较短。

②服装网络营销产品购买过程简化。在传统营销过程中,售中导购和试穿是相对重要的环节,而网络营销中,售中导购已被弱化,试穿环节无法开展,售前咨询和售后服务显得尤为重要。因此,网购的服务过程得以简化,并且服务产品也逐步倾向于售前和

售后两个环节，这时客服显得尤为重要。

③服装网络营销产品的开放及时性。网络加快了产品信息的传播速度，网上信息可以在世界范围内进行传播，因此，服装网络营销产品必须具有信息的开放性和及时性。信息的开放性加大了服装产品开发的压力，加快了服装产品的更替速度，所以在网络营销中服装的流行周期比传统营销中的周期短。网络营销中服装产品还应具备及时性，企业应在最短的时间内发布服装相关信息，抢占信息市场。

2. 服装网络营销产品策略的重点

（1）服装网络营销产品开发模式。

在网络营销模式下，服装企业开发的产品具有适应个性化需求、小批量生产等特点。服装网络营销产品的开发不再是由企业设计人员闭门造车，而是利用网络的交互性特点，让消费者亲自参与产品的开发。

①个性化定制开发模式。在开发过程中，个性设计得以放大，消费者可以直接或者间接参与服装设计的环节，生产者可以按照消费者个人想法来生产符合消费者期望的服装产品。消费者参与产品设计有模块化定制、合作型定制两种方式。

模块化定制是指将服装产品设计方案分解为各个相对独立的部分，如领型、袖型等，每个模块都有可替代的设计类型供消费者选择，由消费者选择模块来组成整个服装产品的设计方案。

合作型定制是指消费者直接参与服装产品的设计环节，与设计师进行沟通，将自己对服装的想法充分地向设计师表达，设计师在消费者描述的基础上设计出服装新产品。

②新产品跟随模式。服装企业利用互联网扩散速度快的特点，迅速模仿和研制开发出新产品，同时应注意方式，以免侵权，引发纠纷。

③现有服装产品改良开发模式，指对已开发的服装产品进行如改版、增加新功能、删减等二次设计的开发模式。在网络营销市场中，消费者可以以极低的成本在很大范围内挑选和对比商品。在消费者需求日益提升的驱动下，服装企业必须不断改进现有产品并进行升级换代。具体策略有：服装产品重新定位，是指生产者对原产品未达到预期销售目标的原因进行分析，重新进行服装产品的定位，以确保服装产品再次投入网络市场能够获取预期收益；服装产品二次设计、制作，是指在原服装产品的基础上按照市场需求进行二次设计、制作。

④服装产品低成本开发模式，即开发具备同样功能但成本较低的产品。在网购环境中，消费者对产品价格敏感，且容易对比价格，因此，服装企业可以采用不同面料、工艺等设计和生产功能相同但成本更低的产品。

（2）互动式的线上服务策略。

互动式的线上服务策略在应用中最重要的两个方面是维护买卖双方利益、提供个性化服务。

①维护买卖双方利益。无论是传统营销还是网络营销，消费者是为了满足自己的需求而购买产品，卖家是对服装产品进行销售以服务消费者。在这种互动过程中，维护买卖双方利益是交易顺利进行的前提。

②提供个性化服务。基于网络营销的需求，个性化服务必然受到顾客的喜爱。如顾客可以自己选择和设计印花 t 恤、定制结婚礼服等。

二、服装网络营销价格策略

价格是产品或者服务价值的表现。对于服装网络商家而言，运用价格策略的重点就是提供使顾客感到物有所值的服装产品或者服务。服装企业为网上服装产品进行定价时除了考虑成本、需求和竞争要素，还需要结合企业自身的定价目标，选择合适的定价方法。

1. 服装网络营销定价概述

在网络营销中，网络虚拟店铺为企业节省了成本支出，同时，消费者和中间商对服装产品的价格信息都有比较充分的了解，因此，网络营销定价与传统营销定价有较大不同。

（1）影响网络营销定价的因素。

在网络营销中，影响服装产品定价的因素是多方面的，如企业的生产效率、竞争对手的定价水平、消费者的收入水平等。从市场营销理论出发，市场供求关系、市场竞争、成本因素、竞争对手定价等对网络营销中服装产品的定价都有着重要的影响。

①供求因素。从供给方面看，服装产品的生产成本、营销费用是影响服装产品定价的主要因素；从需求方面看，网络市场需求规模以及消费者的消费心理、感受价值、收入水平、对价格的敏感程度、议价能力等都是影响服装产品定价的主要因素。

②竞争因素。在网络营销中，根据竞争情况的不同，服装产品定价策略也会有所不同。完全竞争下，产品同质化严重，买卖双方都能充分地获得市场情报，这种情况下，买卖双方只能采用市场既定价格。不完全竞争下，服装企业对定价策略有比较大的选择空间，但同样既要考虑竞争对手的价格策略，也需要考虑本企业定价策略对竞争态势的影响。

（2）服装网络营销定价的步骤。

俗话讲："千做万做，赔本的买卖不做。"正确地进行网络营销定价尤为重要，其步骤如下。

①确定定价目标。确定服装网络营销定价目标主要应考虑生产定价、获取当前最高利润定价、获取当前最高收入定价、销售增长量最大定价、最大市场占有率定价和最优产品定价等。服装企业必须清楚自身的价格策略所需要达到的目标。

②预估销量情况。在网络营销中，可以通过对相似服装产品数据的统计处理，或通

> 3D 试衣系统是一种新兴的网络服务技术。顾客在进行虚拟试衣之前，先通过手持式的三维扫描仪对自身形体进行扫描，获得的数据被传输至服装销售商处，形成顾客的虚拟三维影像，然后，顾客就可以根据销售商提供的服装目录选择服装试穿，并且可以通过鼠标控制虚拟影像进行简单的举手、弯腰等动作，在计算机屏幕上查看服装是否合身，还可以观看不同场合、不同灯光下的着装效果。

过预售等方式，估算某营销价格范围内产品的总销量。

③预估产品成本。服装企业制定合理的网络营销价格，需要对产品生产成本进行评估。

④预测市场反应。服装企业必须分析消费者的需求，分析市场中同类产品与替代产品的价格及定价策略，为服装企业定价提供参考。

⑤确定定价方案。初步确定网络营销价格，然后将其拿到市场上试验并征求消费者的意见，然后综合考虑各种情况，对产品的价格进行必要的调整，最终确定产品的网络营销价格。

2. 服装网络营销定价方法

（1）低价定价法。

一般来讲，由于网上产品的价格信息是公开和易于搜索、比较的，因此，产品的价格对网络消费者的购买有着重要影响。研究表明，消费者选择网上购物，一方面是因为网上购物比较方便；另一方面是因为从网上可以很容易地获取更多的产品信息进行比较，从而理性消费，降低信息不对称的风险，最终以相对优惠的价格购买商品。

低价定价法是指在服装网络产品定价时，采用该产品的成本价格加一定的利润作为最终定价，甚至采用零利润定价策略。用该方法确定的价格比同类服装产品的价格低，可满足消费者追求物美价廉的心理需求。另外一种低价定价法是给予销售折扣，这种定价方式可以让顾客直接感受到产品的降价幅度以促进顾客的购买。

在采用低价定价法时，需要注意的事项如下。

①在网络营销价格确定过程中，要注意区分消费对象，对于一般消费者、零售商、批发商、合作伙伴要分别提供不同的价格信息发布渠道，否则可能因低价策略混乱导致营销渠道混乱。

②在网络上发布价格信息时，要注意比较同类产品的网上交易价格，因为消费者在购买过程中可以通过搜索功能很容易地在网上找到最便宜的商品，如果定价过高或不切合实际，则低价策略将起不到应有的作用。

（2）定制生产定价法。

定制生产定价法是在服装企业能实行定制生产的基础上，利用网络技术和辅助设计软件，让消费者可以根据自己的意愿和喜好选择配置或者自行设计能满足自己需求的个性化产品，同时认同相应的价格。

在实际操作中，一般服装企业可以针对同一板型的商品，根据做工复杂程度进行一定范围内的定制。比如，将成衣绣制、包装等级等设置成备选项，以供消费者根据实际需要进行选择。

（3）拍卖竞价法。

拍卖竞价法也是网络营销中常用的定价方法，其实现形式是消费者通过互联网轮流公开竞价，在规定时间内价高者赢得交易。

①限时竞拍：在规定时间内，不限底价竞拍，出价最高者将在竞拍时间结束时按出价进行交易。

②集体议价（团购价）：网络营销中，普通的消费者利用网络的交互性与高效性特点，以接近于零成本的方式集合多名有购买意向的人，与供应商或厂家直接议价，实现以数量换优惠价格的交易。

③供方定价直销：服装企业根据自己的成本或基于促销目的，制定极具竞争力的直销价格，然后通过网络平台限定以数量换优惠价格的参团人数，最终在报名人数达到后成交。可利用的网络平台有淘宝的聚划算等。

> **小贴士**
>
> 成本导向定价法是指企业依据产品的成本决定其销售价格的定价方法。
>
> 需求导向定价法是指企业在定价时不再以成本为基础，而是以消费者对产品价值的理解和需求强度为依据。
>
> 竞争导向定价法是指企业通过研究竞争对手的价格、生产条件、服务状况等，以竞争对手的价值和市场的价格为参照进行定价。

三、服装网络营销渠道策略

相比于传统市场营销渠道，网络营销渠道在结构和渠道长度等方面有所不同，但是营销渠道所具有的功能并没有发生明显变化。

1. 服装网络营销渠道概述

网络营销渠道就是借助互联网将产品从生产者手中转移到客户手中的中间环节，一方面为客户提供产品信息，让客户进行选择；另一方面在客户选择产品后完成支付的交易手续。中间商在传统服装营销渠道中占据重要地位，然而在网络营销模式下，传统服装中间商被网络所取代，同时，将过去传统营销渠道的诸多环节简化为单一的关系。互联网的发展改变了营销渠道的结构，服装网络营销渠道的结构如图5-2所示。

（1）服装网络营销渠道的优势。

与传统服装营销渠道相比较，基于互联网的服装网络营销渠道在模式和成本上都具

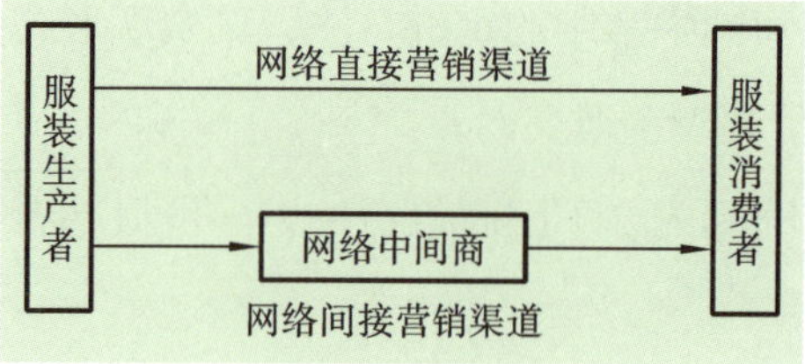

```
服装生产者 →网络直接营销渠道→ 服装消费者
         ↘ 网络中间商 ↗
           网络间接营销渠道
```

图5-2 服装网络营销渠道的结构

有较大的优势。

①提供互动信息交流平台。服装网络营销渠道可以提供交流平台，实现买卖双方之间的直接沟通交流。服装生产者可以利用网络渠道发布详细的产品信息，如服装品类、规格、价格、款式、面料等，帮助消费者详细了解服装产品并做出购买决策。服装消费者可以通过网络渠道发表对服装产品的购买意愿，通过在线订货系统，可以实现服装在线订购或者定制。

> **小贴士**
>
> 网络中间商是连接生产者和消费者的桥梁，帮助消费者做出购买决策和满足其需求，帮助生产者掌握产品销售状况，降低生产者为达成与消费者的交易所产生的成本费用，是基于互联网的具有信息服务中介功能的新型中间商。

②降低渠道成本。在传统营销渠道中，服装企业需要支付日常管理费用、相关商品流通费用等，分销渠道中还会发生中间商流通费用。而在网络营销渠道中，网络管理员可以替代大量的营销业务人员，直接从互联网上接收来自各地的订单，然后把产品配送给消费者。

③提高流通效率。与传统营销渠道不同，网络营销渠道简化为网络这一单一层次。消费者可以在网络平台直接购买到自己所需要的服装，并且完成支付，然后通过物流配送获得产品，让产品的流通变得更加高效。同时，网络渠道的在线支付功能也加快了资本流通的效率。

2. 服装网络营销渠道的选择

选择服装网络营销渠道的重点在于通过信息化管理手段，将网上交易过程中的信息流、物流、资金流进行整合,提高信息透明度,实现高效管理。服装网络营销渠道一般可以分为直接营销渠道和间接营销渠道。服装网络直接营销指的是服装企业通过互联网实现从生产者直接到消费者的营销。服装网络间接营销指的是服装企业通过融入互联网技术的中间商机构把服装销售给消费者的营销。

（1）服装网络直接营销渠道。

网络直接营销可以让服装企业直接宣传和推广自己，消费者可以直接向企业订货。同时，服装企业营销人员可以借助网络工具（如电子邮件、微博和网络视频等）开展各种形式的营销活动，还可以直接和消费者沟通，迅速地搜集产品反馈信息，提高服装企业对市场的反应速度，从而迅速扩大产品的市场占有率；同时，企业还可以通过网络提供及时的售后服务，提高顾客满意度。我国一些知名的服装企业（如雅戈尔）就建立了自己的电子商务网站以销售服装。

服装企业打通服装网络直接营销渠道需要自建网络平台。自建网络平台有着一定的优势，服装企业可以根据自身的实际需要选择合理的营销模式与步骤，制订相应的操作计划并保证有效实施。自建网络平台可采用以下几种模式。

①信息发布网站。服装企业利用信息发布网站开展企业推介和营销宣传活动，将网站作为宣传企业和品牌形象的途径，一般只提供品牌介绍、产品种类、联系方法等信息，相当于在线的电子宣传手册和广告牌。

②网上交易平台。建立此类网站的主要目的是辅助企业开展服装商品交易活动和提供相应的交易服务，其主要目标是利用网络交互技术缩短服装企业与顾客的距离，降低交易费用，向消费者直接销售产品。

③客户关系管理平台。在服装行业，客户关系管理主要涉及消费者消费行为研究与分析、提升客户服务水平和客户忠诚度管理，建立相应平台有利于对上述数据进行深度开发利用，如进行客户细分、订单集中度分析、产品销售预警、客户流失分析、客户忠诚度分析等。

（2）服装网络间接营销渠道。

服装网络间接营销渠道的主要表现形式为零售商网络平台。依托一个成熟的第三方电子商务平台，既节省了很多自建平台的成本，同时可借助第三方网络平台长期以来积累的人气和成熟的运营体系，形成一定的市场销售规模，并且与线下实体营销形成良性的互动。例如，淘宝网、京东商城等第三方平台经过多年的经营，得到了广大网购消费者的认可，这类平台有现成的流量，对于服装企业开展网络营销来说，是一种较好的选择。

四、服装网络营销促销策略

在网络营销中，促销活动是依托网络环境和网络技术来开展的，网络环境和网络技术状况对服装网络促销的形式、对象、效果等都有一定的影响。

1. 服装网络促销概述

网络促销是指利用计算机及网络技术向虚拟市场传递有关商品和劳务的信息，以引发消费者需求，唤起消费者购买欲望并促成购买行为的各种活动。网络促销有三个明显特点：第一，网络促销是通过网络传递产品和服务的性能、功效及特征等信息；第二，网络促销是在虚拟的互联网市场上进行的；第三，虚拟互联网市场的出现，将所有企业都推向了一个统一的市场。网络促销与传统促销在信息沟通方式、消费群体的认知、消费行为的分析方面都有着极大的不同。

服装企业要开展网络促销，就必须深入了解服装产品信息在网络上传播的特点，分析网络信息的接收对象，设定合理的网络促销目标，制定合理的实施步骤。服装网络促销可以从确定服装网络促销对象、设计服装网络促销内容、设定服装网络促销组合方式、制定服装网络促销预算方案、预估服装网络促销效果五个方面实施。

2. 服装网络促销方法

服装网络促销就是通过网络市场利用销售促进方法刺激顾客对服装产品的购买和消费使用，主要方法如下。

（1）有奖促销。

有奖促销是指企业通过有奖征答、有奖问卷、抽奖、大奖赛等手段吸引目标消费群体购买企业产品、传达企业信息的促销行为，并且充分利用互联网的交互功能，掌握参与促销活动的群体的特征和消费习惯，以及对产品的评价。例如，一些服装网络商家通过店铺优惠券、瓜分红包、网络抽奖、收藏店铺有奖品等活动，来吸引消费者的关注。

（2）限时限量促销。

限时限量促销是指企业在特定的时间段内提供限定数量的、价格优惠的产品给消费者。例如，淘宝网的淘抢购平台，就可供商家在特定时间段内以较为优惠的价格提供产品给消费者抢购。

（3）拍卖促销。

网上拍卖市场是新兴的市场，由于快捷方便，吸引了大量用户参与其中。我国的许多电子商务平台也纷纷提供拍卖服务。如淘宝网就有提供拍卖服务的平台——淘宝拍卖会，许多服装品牌通过网上拍卖，获得了较好的效果。

（4）积分促销。

积分促销在网络上的应用比起在线下的应用要更加简单和易于操作。网上积分促销活动可通过编程和数据库等技术来实现，并且结果可信度很高，操作起来较为简便。积分促销一般设置价值较高的奖品，消费者通过多次购买或多次参加某项活动来增加积分以获得奖品。积分促销可以增加上网者访问网站和参加某项活动的次数；可以增加上网者对网站的忠诚度；可以提高活动的知名度等。

（5）免费促销。

免费促销就是通过无偿提供访问者感兴趣的各类资源，吸引访问者访问，提高站点流量，并从中获取收益。如淘宝试用中心，聚集了上百万份商品的试用机会以及亿万消费者对各类商品全面、真实、客观的试用体验报告，为消费者提供购买参考。服装网络商家可以借助此平台为消费者提供免费试穿机会，以此获得潜在消费人群的关注。

（6）团购。

团购是指相互之间认识或不认识的消费者联合起来，加大与商家的谈判筹码，以求得最优价格的一种购物方式。根据薄利多销的原理，商家可以给出低于零售价格的团购价格和单独购买得不到的优质服务。团购作为一种新兴的电子商务模式，通过消费者自行组团、专业团购网站、商家组织团购等形式，提升了用户与商家议价的能力，引起了消费者及业内厂商，甚至是资本市场的关注。如淘宝聚划算就是由淘宝网官方组织的一种线上团购活动。

本 / 章 / 小 / 结

网络营销作为一种新的营销方法和经营理念已经被服装领域所接受并迅速应用到服装营销实践中。本章基于服装网络营销的基本属性，阐述了服装网络营销的方法，并从产品、价格、渠道、促销四个方面讲述了服装网络营销的策略，为服装企业更为有效地运营、用网络营销手段来提高企业经营业绩提供一定参考。

思考与练习

1. 在淘宝网平台上,搜集并归纳出热销服装(以连衣裙、牛仔裤为例)产品的基本特点,加以对比整理。

2. 对优衣库的实体店进行调研,获取部分产品的价格,然后通过天猫官方旗舰店查询价格,进行对比分析。

3. 对比淘宝网、凡客诚品等电子商务平台,熟悉网上购买服装的流程。

第六章
服装供应链管理

章节导读　采购、生产、销售是服装供应链涉及的三个主要环节，由于电子商务的介入，各环节均发生了改变。现代服装企业之间的竞争正逐渐转变为供应链之间的竞争，供应链管理成为服装企业关注的一个焦点。基于此，本章对服装企业的供应链管理进行介绍。

第一节　服装供应链管理与电子商务

中国服装协会发布的《2017—2018中国服装行业发展报告》显示，我国服装产业结构需要转型升级，打造集研发、设计、生产制造、销售于一体的产业链正是转型升级的有效路径，其中，发展服装电子商务有助于促进其成为现实。

一、供应链管理的基本概念

对于什么是供应链管理，长期以来，业界有不同的意见。有人认为供应链管理是一种管理体制，是通过对供应链上的供应商、制造商、分销商、零售商和顾客的整合，将信息流、资金流和物料流连接起来，通过企业之间的集成来提高整个供应链的运作效率。还有人认为，供应链是以用户为起点，同时也以用户为终点的增值过程，这种由起点到终点的连接把供应商、制造商、分销商、零售商和顾客整合起来成为一个整体，通过整体的协作，实现整个价值链条的增值。全球供应链论坛给出的定义为："供应链管理是从提供产品、服务和信息来为用户和股东增添价值的，是从原材料供应商一直到最终客户的关键业务过程的集成管理"。

图 6-1 展示了服装供应链的主要环节以及参与者。服装企业供应链是有大量上下游企业参与的，上游可以追溯到原料供应商，下游可以连接到服装最终的消费用户。服装供应链往往涉及多个面（辅）料供应商、多个不同的服装制造商、多个中间商以及多个零售网点等机构，物流以及资金流和信息流就在这些机构中流动。

图 6-1 服装供应链的主要环节

供应链管理是对供应链中的物流、资金流和信息流进行设计、规划和控制的过程，是通过供应链上的合作企业一起紧密合作，以最低的成本、最高的效率，向客户提供最大利益的商业策略，最终达到供应链整体效益最大化。通过供应链管理能够降低原材料采购成本、减少库存、提高客户服务水平等。

二、服装供应链

从横向来看，服装供应链是零售商、品牌商、供应商之间所有产品流、信息流和资金流的集合。从职能上来说，服装供应链具备面（辅）料采购、成衣生产以及配发等职能。服装供应链管理的职责就是支持服装产品研发和产品运营，其管理对象是成本、货期、品质和库存。它还有另外一个重要职责，就是制订供应链计划，因为计划是源头，而采购、生产和配发是执行。

服装供应链管理系统涉及供应商管理、采购管理、产品管理、库存管理、配送管理、分销管理、销售管理、订单管理等板块，如图 6-2 所示。

图 6-2 服装供应链管理系统构成

1. 服装供应链的特点

由于服装行业自身的特点，其供应链呈现出不同于其他产业供应链的特点，主要表现为以下几个方面。

（1）服装供应链具有动态性。

由于市场环境和流行趋势的不断变化，消费者对于服装款式的需求也在不断变化，这种变化就使得企业需要不断调整战略以适应市场的变化，这就体现了供应链的动态性。

服装的流行性和季节性在缩短产品上市时间、缩短生产和配送期、增加配送准确性和提高快速反应能力等方面，对整个服装供应链提出了更高的要求。

（2）服装供应链具有交叉性。

服装供应链的采购、生产、配送、销售等每个环节都有大量的节点企业参与，相互之间构成一个交叉的网络。某条供应链上面的某些节点企业可能既是这条供应链上的成员，也是另外一条供应链上的成员。这样就使不同的供应链之间形成交叉关系，进一步增强了服装供应链的复杂性。

（3）库存管理难度大。

服装供应链中的库存控制一直都是服装企业面临的重要课题。服装产品的自身特点让库存控制难度很大，如客户需求多样化、服装产品的流行性和季节性强、服装销售的生命周期越来越短等。

2. 互联网时代服装供应链的特征

原来传统的服装供应链利润很低，现在的消费市场发生了巨大的变化，这让服装供应链呈现出与传统模式不一样的特征。

（1）不能仅仅聚集首单，应具有翻单能力。

传统的订货模式下，工厂或者供应商希望一个订单的订货量要大，觉得这样的订单很好做。传统的订货模式下要靠分销商或者代理商开订购会，把订单集中起来，再去生产，然后以分销或零售的方式销售出去。在互联网时代，可采用C2B的订货模式，以茵曼为例，一个产品的首单订单量不会太大，更多的是通过多次翻单累积销量，并通过销售情况来决定翻单的数量。完全是由消费者来决定订单量和翻单的次数。

（2）由服装产品生命周期反推订单量。

原来的订货模式和现在的订货模式差别很大，现在需要先搜集用户的信息、用户的评价，然后对设计师设计的款式进行测试，再根据销售量和销售周期来决定首单生产量，以及哪些订单应该淘汰、哪些订单应该多准备货品。基本根据消费者方面的数据和货品的周期推测订单量。

（3）科学合理排单。

传统模式下，排单大多数是通过双方不断地打电话沟通然后加班赶货，这是无序的排单。在互联网时代，时尚元素在快速更新，服装款式越来越多，要做好供应链的管理，就需要更加科学合理地排单。以茵曼为例，茵曼全年的款式数量大概有2000个，而货期准确率达到了99.5%。为了准时交货，茵曼根据面料、辅料的一些情况，来合理地安排工厂的交货周期，同时在订单管理、品检管理、面料管理等方面下足功夫。

（4）信息化管理升级。

工厂和供应商如果不提高信息化管理水平，就不会有很强的竞争力。如果还是用陈旧的设备，生产力落后，则企业一定会被淘汰。以茵曼为例，和工厂的沟通、品检的排期、出货、次品的管理、退换货等都是通过信息系统来解决的，而不是通过打电话；布料、财务、对账、样衣等也都是通过系统来管理的。提高信息化管理水平，同时加强制造智能化升级，才能做到真正的速度和质量并重。

（5）服装产品可追溯源头。

未来的服装供应链完全可以做到一件衣服一个二维码，消费者能够通过扫码知道这件衣服是哪家工厂的哪位工人做的，将二维码当作一个追溯源头的识别码。

3. 服装供应链管理的误区

（1）供应商越多、越配合越好。

目前国内的服装供应链资源，基本可以分为几个层次：第一梯队的资源基本被国外品牌（比如优衣库、迪卡侬、耐克等）所占有；第二梯队的资源由国内年销售额达百亿级的品牌（安踏、森马、海澜之家、以纯等）占据；剩余的是第三梯队的。可以看出，虽然第一梯队和第二梯队供应链资源的数量和产量有限，但往往被国内外的大品牌所占有。另外，这类供应商因为自身规模大、专业能力强、内部管理规范，所以对品牌方会提出各种各样的要求，对于品牌方不专业、无计划甚至是"无理"的要求敢于说不。所以说"供应商越多、越配合越好"显然是个误区。很多品牌自身供应链管理体系不健全和能力不达标，这甚至会成为引发采购腐化的根源。

（2）"快反"做不好是供应商能力不行。

服装业经常会提及"快时尚""快反""翻单"这几个概念。快时尚是讲品牌定位的，快反是讲运营模式的，翻单是讲供应链生产采购模式的。

业内人士普遍认为优衣库和ZARA的快反做得很好，据说优衣库的翻单占比达到60%～70%，ZARA新款更新周期为十几天。优衣库有强大的面（辅）料研发能力和企划能力，面料提前一年完成开发、检测甚至备坯，款式多为基本款，单款体量大，而且

> 快时尚主要包含三个方面的含义，即上新品速度快、平价和紧跟时尚潮流。
>
> 翻单是指针对上次的订单进行重新订购，款式、花色等一致，对于供应商来说比较容易安排生产。

小贴士

快速反应（quick response, QR）又称快反，是由美国纺织与服装行业发展起来的一项整体业务概念，目的是使包括零售商、服装制造商以及纺织品供应商在内的产业链条通过系统化的供应链管理策略，减少原材料到销售点的时间和整个供应链的库存，最大限度地提高供应链的运作效率。

销售模式都是直营。在这些前提下，优衣库一般首单会安排预计销量的30%～40%进行生产，后期根据产能均衡及零售表现安排翻单，可以灵活调整颜色、尺码，甚至是设计新的款式。ZARA也会提前备料，开发的款式要比优衣库多得多，其翻单主要依靠强大的产品开发能力，设计方案源源不断地输入到供应商处实现转化。这种强大的转化能力，既保证了新款不断上市，也保证了供应商产能均衡，最起码核心的供应商不需要为订单发愁。

在外界看来完全不同的两个品牌，在实际操作上也是有很多相似之处的。首先，面（辅）料先行（备坯）是其实现快速翻单的前提；其次，强大的计划能力既能满足零售需求也能保证供应链均衡；最后，品牌核心能力（优衣库的面料研发及ZARA的产品开发）是实现快反、翻单的突破口，同时也是供应链高效运行的保障。

因此，能否实现快反及翻单，关键不在于供应商，而在于服装品牌本身的能力，且最为核心的就是面（辅）料先行和计划统筹的能力，以及保证供应链高效运作的能力。

（3）优胜劣汰是管理供应商的有效手段。

优胜劣汰几乎成为国内服装供应链管理的最重要的手段，尤其是在供应商绩效管理范畴中。实际上，优胜劣汰只是供应链管理的一种手段或者方法，但绝对不能是目的。究其原因，大概有以下几个方面：首先，供应商绩效指标不一定客观和准确；其次，有的企业考核供应商动销或者售罄率，看似合理，实际上因为最终选款的人还是公司买手，难免不够客观；最后，甚至有品牌公司在大货生产过程中随意更改，在产前准备及样板确认中故意刁难，最终造成供应商绩效不佳。以上这三种情况普遍存在，会导致评判不够准确、不够客观，也造成了服装供应链管理进入误区。

供应链管理的最终目标是向协同和资源整合方向发展，所以服装品牌应该将主要精力放在服务上，如优衣库有很多老工匠手把手教供应商操作，帮供应商调试染色配方和优化缝制工艺；ZARA提供强大的素材给供应商促进其产品开发。

> **小贴士**
>
> 自有品牌专业零售商经营模式（speciality retailer of private label apparel, SPA），由美国服装业巨头GAP公司提出，之后由优衣库成功运用并推广。SPA模式是指零售商自己拥有品牌，并控制设计、生产、销售等全过程。为了快速响应消费者的需求，SPA模式重视商品策划，尽可能缩短供应链的中间环节，将消费者和企业直接联系起来。

4. 服装供应链管理的关键点

每个服装企业或服装供应链管理的从业者，都希望采购成本越来越低、生产速度越来越快、品质越来越好，这就需要从供应链管理方面寻求突破。

（1）服装企业的重视程度。

供应链管理是对链条上的产品、信息、资金流进行管理，所以没有企业高度重视并投入资源，仅靠供应链部门是无论如何也不能获得巨大成效的。服装供应链管理涉及有关面（辅）料、成衣加工、物流、计划、质量管理等方面的跨学科知识。同时，供应链管理的产出是间接和长期的，不能立竿见影，甚至不能完全用数据体现，导致很多服装企业对供应链管理不够重视。

衡量是否重视供应链，首先就是看投入，可考察一下供应链管理部门的人员素质、薪酬是否有市场竞争力；其次看供应链管理部门在公司的话语权，看能不能平等地参与有关企划、产品开发甚至上市配发的沟通；最后就是看最高决策者是不是了解供应链，一年主动拜访供应商几次，对供应商提出的问题是否积极寻求解决途径。作为供应链从业人员或者供应链管理部门的负责人，自身的专业度、执行力、领导力提升也尤为重要。

（2）加强需求管理。

由于我国服装供应链管理体系建设还不成熟，很多企业没有独立的需求计划管理部门，所以经常能听到负责供应链管理的从业人员抱怨交期太近、成本压得太低、质量要求太高。同时又能看到很多供应链管理人员很少主动参与企划、产品开发，也不知道上市需求，这就造成了明显的管理盲区。

为了解决需求管理的问题，供应链管理部门应该主动寻求与上下游的沟通，并且竭尽全力推动企业建立系统性的沟通平台和决策机制。供应链管理部门要承担起需求管理推动者的职责，确保上下游沟通顺畅、信息协调一致，既保证达成公司管理目标，同时保障供应商的产能与计划相协调。

（3）提高标准化水平。

服装本来就是标准化程度较低的行业，加上对快时尚和快反的极致推崇，服装产品开发基本上以款式开发为主。造成哪怕是同样一块面料也会有两个料号，或者明明可以整合的几种面（辅）料，相关人员也会因手感不同、光泽不同、悬垂感不同等原因，迫使整合者因为不敢承担"销售不好"的结果而放弃整合。这种放弃往往造成采购和加工分散，从而导致计划失效、成本上涨、品质下降。

这里提出的标准化，不是提倡一味地做基本面料和基本款，而是强调产品开发模式的转变和产品迭代的有效运行。国内服装企业大多数以款式开发为主，更加成熟的服装品牌，其开发模式基本上属于要素开发。由于二者出发点不一样，导致前者在元素整合上困难重重。而以要素开发为出发点，很容易形成产品迭代（趋势性产品—成熟性产品—爆品），在产品迭代的过程中，自然形成要素的整合，二者是相辅相成的。

（4）改善计划管理。

服装供应链管理中的计划，基本上包括需求计划、生产计划及物料采购计划。计划是采购、生产等活动开展的依据，是需求和供应之间的桥梁。要改善计划管理的局面，需要从以下几个方面入手：①计划的职责要明确，要注重需求预测管理和供应商产能及订单分配管理，而不仅仅是催货和数据统计；②要提升计划人员的综合素质和专业能力；③建立计划联动机制。

（5）提高信息化水平。

信息化无疑是供应链现代化管理的基础，也是供应链管理由体系化向协同化发展的必由之路。

近些年，伴随着我国服装品牌的迅速发展，出现了很多专门的咨询管理公司。它们开发的 ERP 系统，涉及企划、产品开发、打样进度、BOM、MRP、采购计划、核价、大货进度、质量管理等，面面俱到，且更具本地特色，更加符合国内管理思路和流程。但是，这些信息系统并没有得到业内人士的完全认可，主要原因是我们的业务模式还不成熟，渠道模型缺失，消费者画像和产品定位模糊，产品开发模式不统一，采购和生产管理没有形成系统，造成推行 ERP 管理时，前期的变革管理和流程再造没有做好。

真正的信息化管理，必须要做到流程顺畅、职责清晰、权限透明、标准统一、数据决策、体系联动，真正让系统管理业务，而不是简单地管理数据，最终形成供应链协同。检验信息化建设及供应链协同成功与否的一个重要标准就是看供应商是否可以提前参与、自主决策。

三、服装供应链管理与电子商务的发展

1. 电子商务模式下服装供应链的发展

基于服装制造流程和供应链管理的核心，大概可以将电子商务模式下服装供应链的发展分为五个阶段。

（1）第一个阶段：库存。这一时期的服装电子商务商家无非分两种，一种是传统服装品牌；另一种是依靠淘宝发展的商家。传统服装品牌在第一阶段基本是以销售库存产品为主，淘宝商家也是以采购、组货为主。在这一阶段对制造供应链基本上没有什么需求，物流供应链发货准确和及时就可以满足需求。

（2）第二个阶段：期货。随着电商红利上涨、消费者转向快速便捷的购买模式及要求更好的消费体验以后，一些商家开始有了制造方面的需求。在这个阶段的初期，商家更多的是进行期货采购。在服装行业，可能在季度销售开始前 3~5 个月就有大批订单，

给供应链的时间非常宽裕，像秋冬季的羽绒服和大衣会有 120 天的生产周期，春夏连衣裙或者简单的外套和裤装也有将近 45 天的生产周期。这一阶段其实对整个供应链的要求是比较低的。

（3）第三个阶段：反应速度。进入这一阶段，服装制造供应链发生了一些变化，很多商家开始为了控制库存，对订单做分割，服装订单由原来的 100% 下单，切分成 50% 的首单和加单，慢慢有了柔性供应链或者说快速反应供应链的概念。

（4）第四个阶段：电商供应链管理能力。服装柔性供应链是当下比较热门的，涉及满足服装柔性定制、快周期、小批量、快速补单和物流配发等诸多需求。把整个服装供应链从产品研发端到物流配送端的各环节按照模块切分，其中有相当长的供应链处于服装品牌商内部（设计、订单生成及下发、采购备料），真正在外部的只有几个模块（采购备料的后半部分、制造和物流配发），要打造电子商务供应链，需从外部建设和内部建设两个方面着手。

（5）第五个阶段：供应链引导体验。在国民消费观念趋于理性的常态下，高性价比、无品牌或没有品牌溢价的服装商品将会更为走俏，印证了在匹配体验式消费时代的大环境下，真正可以触及消费者最终需求的产品终将赢得市场。

2. 供应链管理支持电子商务活动的开展

服装企业的电子商务模式主要有 B2B 和 B2C 两种。服装企业之间的电子商务（B2B）就是利用供应链技术，整合上下游的资源，利用互联网，将上游的原材料、面（辅）料供应商，下游的分销商、物流配送及销售网点以及支付银行结合为一体，构成一个面向用户的完整电子商务供应链。目的是降低企业的采购成本、库存和中间环节的成本，提高服装企业对市场和用户需求的反应速度，从而提高竞争力。服装企业的 B2C 电子商务是利用互联网的互动性、全球性、个性化等特点，为服装企业的用户提供更直接、更个性、更有竞争力的服务。从资源整合的角度来看，供应链管理就是整合上下游企业的资源，目标就是降低成本、提高质量和压缩反应时间。电子商务应运用供应链管理的理念，整合上下游企业，构成一个电子商务供应链网络，促进供应链向动态化、网络化方向发展。

3. 电子商务促进服装供应链管理发展

电子商务的出现为服装供应链管理提供了信息技术支持，改变了供应链中诸多环节的运作方式，促进了供应链管理理念的变革，加速了供应链的发展。

（1）减少供应链的冗余环节，提高效率。

采购、生产、销售是服装供应链涉及的三个主要环节。由于电子商务的介入，采购方面，企业通过电子商务平台可以便捷、及时地进行产品采购和供应商管理；生产方面，通过对销售信息的及时掌握，减少了不必要的中间环节；销售方面，通过实施客户关系管理，可以实现个性化营销。电子商务系统可以提高整个供应链的效率，实现整体成本和客户服务成本最小化。

（2）电子商务的现代信息技术推进供应链理念变革。

随着电子商务的发展，内联网技术的日益成熟，信息处理成本的降低，加快了企业内部业务处理的速度，同时促进对供应链的认识从"单链"向"多链"发展。电子商务通过为供应链提供技术支持而推进供应链理念的变革。

电子商务促进服装供应链变革，使服装企业降低交易成本、缩短订货周期、改善信息管理和提高决策水平，从质量、成本和反应速度等方面帮助企业改进经营，增强企业竞争力。电子商务模式弥补了供应链的不足，使其不局限于企业内部，而是延伸到供应商和客户，建立的是一种跨企业的协作，覆盖了产品设计、需求预测、生产、分销和客户等环节，实现了同一供应链中各企业的共赢。

第二节　服装电子商务与物流管理

电子商务作为互联网时代的一种交易模式，必须有现代化的物流技术支持，才能够使交易双方得到的便利、获得的效益最大化，物流是电子商务的重要组成部分。

一、服装电子商务的物流管理

1.物流的基本概念

我国国家标准《物流术语》（GB/T 18354—2006）中对物流的定义为：物流是物品从供应地到接收地的实体流动过程，根据实际需要，将运输、储存、装卸、搬运、包装、流通加工、配送、信息处理等基本功能实施有机的结合。关于物流管理的定义为：为了达到既定的目标，对物流的全过程进行计划、组织、协调与控制。

电子商务物流是指电商企业在销售过程中，将产品的实体转移给用户的物流活动，是产品从生产地到用户的空间转移，是销售订单管理、库存管理、运输管理、配送管理等各环节的统一。物流的主要环节如图6-3所示。

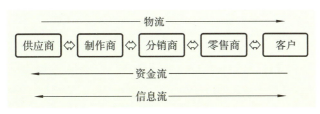

图6-3　物流的主要环节

2.电子商务环境下物流的特点

（1）物流信息化。

物流信息化是电子商务发展的必然要求。物流信息化表现为物流商品的信息化、物流信息收集的系统化和代码化、物流信息处理的电子化和计算机化、物流信息传递的标准化和实时化、物流信息存储的数字化等。

（2）物流自动化。

物流自动化涉及的设施非常多，如条码、射频自动识别系统、货物自动分拣与自动存取系统、自动导向车，以及货物自动跟踪系统等。这些设施和系统在发达国家已普遍应用于物流作业流程，我国的物流业由于起步晚、发展水平低，物流自动化技术的普及还需要相当长的时间。

（3）物流网络化。

物流网络化的基础是信息化。这里说的网络化有两层含义：一是物流配送系统的计算机通信网络普及化；二是组织的网络化，即建立物流组织内部网络。

（4）物流智能化。

智能化是物流进一步发展的方向。因为物流作业过程涉及大量的运筹和决策，如库存水平的确定、运输（搬运）路径的选择、自动导向车的运行轨迹及作业控制、自动分拣机的运行、物流配送中心经营管理的决策支持等问题都需要借助大量的专业知识才能解决。

（5）物流柔性化。

柔性化的物流要求物流配送中心根据多品种、小批量、多批次、短周期的消费特色，灵活组织和实施物流作业。

（6）基于虚拟仓储的物流系统走向应用。

基于虚拟仓储的物流系统是指运用计算机网络技术进行物流运作与管理，实现企业间物流资源共享和优化配置的物流系统。

另外，物流设施和商品包装的标准化、物流的社会化、配送的共同化等也是电子商务环境下物流的特点。

3. 服装电子商务中物流管理的重要性

服装产品是非标准化产品，应有不同款式、颜色、尺码供消费者选择，单一、标准的产品难以满足不同消费者的需求。线下服装零售店通过门店展示产品，消费者可以直接感受、试穿产品，最终完成产品的销售，这是服装电子商务企业做不到的。高效、准确的物流和配送员良好的服务态度能使产品顺利销售，同时也可以使企业获得成本优势、提高客户的忠诚度。

（1）物流是服装电子商务企业实现产品销售的重要保证。

服装线下门店可以建立良好的购物环境来展示其服装产品，顾客能真实地体验商品来确定是否适合自己。服装电子商务企业则通过网页展示产品，以专业的服务让消费者感受产品的性价比，最终由物流配送完成产品的销售。

（2）高效、准确的物流能有效地提高客户忠诚度和获得成本优势。

随着越来越多的服装企业进入电子商务领域，企业间的竞争更加激烈，消费者的选择更多，消费体验要求更高。服装电子商务企业纷纷开展货到付款、上门退货、支持各种方式支付等众多服务，并且货品品种多、批量小、批次多、周期短，对货品的分拣和存储要求高。在物流配送过程中，即使是很小的失误也会给品牌和企业带来负面影响，造成客户满意度的下降。因此高效、准确地完成订单的分拣、包装、物流配送，对提高用户的满意度和忠诚度至关重要。此外，面对市场的激烈竞争，成本控制对每一家服装电子商务企业来说都是重中之重，有效的物流管理可以压缩供应链来帮助企业获得成本优势，从而在市场竞争中占据优势地位。

4. 服装电子商务的物流模式

（1）自营配送模式。

自营配送由企业自己筹资组建物流配送系统。从客户在网上下订单到货物最终到达客户手中采用一条龙服务，没有第三方的参与。自建物流系统最大的好处，是拥有对物流系统运作过程的有效控制权，可借此提升该系统对企业服务顾客的专用性，因此配送速度及服务都较好。另外，自建物流系统有利于企业内部各个部门之间的协调，对于获得第一手市场信息也有帮助，同时，可以有效地防止企业商业秘密的泄露。比如亚马逊建立了一套相对完善的物流配送体系，在实现其经营目标的过程中功不可没。亚马逊有以全资子公司的形式经营和管理的配送中心，拥有完整的物流、配送网络。它在各地建立了多个配送中心，拥有完善的配送中心网络，订货和配送作业处理及送货过程更加快速，从而使得送货的标准时间更短，缺货更少。其物流中心在服务亚马逊的同时还能为其他企业提供配送服务。

（2）第三方物流模式。

第三方物流模式比起其他方式能更快地建立起来，更专业的服务可以减轻甚至消除企业在物流配送方面的顾虑，使其能够专心经营，同时又可以降低企业物流配送的成本，因此也成为大部分电商企业的选择。随着这部分业务的增多，快递公司也如雨后春笋一般发展起来。国际快递巨头联邦快递公司、联合包裹公司、荷兰邮政陆续进入中国市场，并迅速囤积力量，发展各自的分销和运输网络。国内的公司如 EMS、顺丰、圆通、申通、韵达等，也都不甘示弱，各自发展自己的配送体系，都能提供一定水平的配送服务。

（3）第四方物流模式。

这种模式实际上是委托第三方物流的集成商进行物流配送。在全球性供应链管理需求大增的环境下，第三方物流受到规模、业务、实力等方面的限制，对物流资源的组织、整合不能满足需求。于是，可以将第三方物流整合起来，纳入第四方物流，形成更加高效的物流模式。第四方物流作为集成商，通过对第三方物流的资源、能力和技术的整合，实现优势互补,利用分包商来控制和管理客户与供应商之间点到点的供应链运作,为客户提供最佳的供应链解决方案。

二、服装企业物流信息技术的应用

以时尚为核心的服装企业,产品多、更新快,物流信息复杂多变。服装企业只有不断地推陈出新,以较低的成本迅速满足消费者变化的需求,才能在激烈的市场竞争中立足。面对各种复杂的物流信息,企业迫切需要物流信息系统的支持,且核心就在于物流信息技术的应用。

1. 条形码技术

条形码(barcode)简称条码,是将宽度不等的多个黑条和空白,按照一定的编码规则排列,用以表达一组信息的图形标识符。条形码包含物品的生产国、制造厂家、商品名称、生产日期、类别等信息。不论是采取何种规则印制的条形码,都由空白区、起始字符、数据字符与终止字符组成,有些条形码在数据字符与终止字符之间还有校验字符,如图6-4所示。

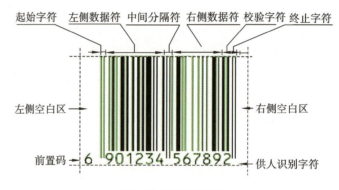

图6-4 条形码的结构

服装企业常用的编码有物流编码、款式编码、物流码及商品码,如图6-5所示是某服装公司的条形码编码。条形码可应用于服装企业仓储配送作业流程的所有环节,有利于实现库存管理自动化,合理控制库存量,进行仓库的进货、发货以及运输、装卸的自

> **小贴士**
>
> 服装RFID是利用RFID的技术原理和技术特性,将单件服装的重要属性信息写入电子标签中,并在服装完成生产后,将电子标签与服装进行对应绑定。服装在门店流转的全过程中,应用系统通过RFID读写设备获取电子标签信息,达到服装门店管理的目的。

动化管理。条形码作为数据、信息输入的重要手段,具有输入准确、速度快、信息量大、成本较低等特点。

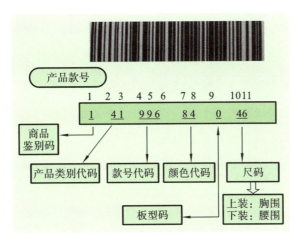

图 6-5　某服装公司的条形码编码示意图

2. 无线射频识别技术

无线射频识别（radio frequency identification，RFID），又称电子标签，是利用无线电波进行数据信息读写的一种非接触式自动识别技术。

RFID 技术引入服装企业后,可有效地帮助企业进行智能仓库、智能营销以及防窜货等方面的管理。同时,服装管理人员使用 RFID 技术能明确企业当前生产、库存、销售等业务数据,并将工作人员从烦琐的工作中解放出来,提高服装企业的管理水平,如图 6-6 所示。

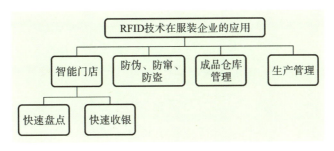

图 6-6　RFID 技术在服装企业的应用

电子标签在服装行业广泛应用有两大原因:首先,RFID 技术场景下的标签属于易耗品,一旦电子标签流转至最终环节,即消费者手里,电子标签的使命随即完成;其次,电子标签的制造成本越来越低。RFID 技术能够应用于服装生产管理、服装仓储管理以及服装门店管理中。如 2016 年拉夏贝尔集团制定了旗下全品牌全环节导入 RFID 技术的规划,涉及成衣工厂挂标,物流中心收发货,门店快速收货、盘点及智能化管理等环节。拉夏贝尔集团自 2017 年春季起全面导入 RFID 技术,在成衣工厂挂标,规范了成衣工厂的生产流程,并采用 RFID 平板检测设备对成衣进行装箱检测,规范了出货前的

> **小贴士**
>
> ERP 为 enterprise resource planning 的缩写，中文翻译为"企业资源计划"。
>
> 目前，服装等行业把传统 ERP 系统中的采购、生产、销售、库存管理等物流及资金流模块与电子商务中的网上采购、网上销售、资金支付等模块整合在一起，以信息技术为手段，以商务为核心，打破国家及地区之间有形无形的壁垒，促使企业从传统的注重内部资源管理利用转向注重外部资源管理利用，从企业内的业务集成转向企业间的业务协同。

品检流程，减少了多装、少装及错装的情况。在物流中心，通过通道机快速读取产品信息，提高收货效率，杜绝窜码、少货等情况发生。在货品出仓前通过发货复核平板验证，保证发货的准确性的同时，大大提高了发货效率。迪卡侬在 2010 年专门设立了自己的 RFID 公司——Embisphere，目前约 85% 的商品使用了 RFID 标签标记，除了应用于库存和供应链管理，还在门店实现了批量收银，减少消费者排队时间，提升消费体验。迪卡侬 RFID 项目负责人表示，RFID 技术使盘点效率提升了 5 倍，商品损失率降低了约 10%。

3. 电子数据交换技术

电子数据交换（EDI）是将贸易、生产、运输、保险、金融和海关等行业的商务文件，按国际统一的语法规则进行处理，使其符合国际标准格式，并通过通信网络来进行数据交换，是一种用计算机进行商务处理的技术。

服装行业的特征使其具备使用 EDI 的可能。EDI 适合应用在需要进行大量表格单证数据处理和交换的行业，这些行业具有交易频繁及周期性作业的属性。国内外服装行业主要集中在销售和库存管理中应用 EDI，针对服装产品设计、开发的 EDI 数据交换和使用技术还在探索中。EDI 在服装设计和产品开发环节中具备实现企业产品开发成本最低化、信息传递高效化、信息范围扩大化的优势。对于产品生命周期短、产品款式多、供应链反应速度要求高的服装企业而言，有引入 EDI 技术的必要性。EDI 的引入不仅可使产品开发和生产的各个环节紧密连接，而且可扩大信息传递的范围，为企业在多个生产部门间协调、提高生产速度、优化生产流程提供信息支持。

4. 企业资源计划

企业资源计划（ERP）是指建立在信息技术基础上，以系统化的管理思维，为企业决策层及员工提供决策运行手段的管理平台。ERP 系统的常规功能和依据企业的具体情况及未来业务的发展定制的功能，可帮助企业提高对市场的反应能力、占领先机及规避市场风险。

每个服装企业都有自身的特点，所以 ERP 系统在不同企业有不同版本，但服装企业 ERP 系统一般由以下模块组成。采购模块：需求管理、供应商管理、采购流程管理。库存模块：仓库管理、包装管理、货运计划管理。产品开发模块：产品数据管理、技术文档管理、CAD 打样管理。生产模块：主需求计划、产品清单（BOM）、生产能力计划、生产流程管理。销售模块：客户管理、报价管理、订单管理、连锁店管理。财务模块：总账、应收账、应付账、固定资产管理、产品成本管理。人力资源模块：人事管理、工资管理。质量管理模块：质检、统计处理控制。决策分析模块：销售和客户统计、采购供应统计、产品统计、库存分析、利润分析。系统管理模块：账户管理、用户权限管理、日志管理。服装企业可以根据自身管理的需要选择功能模块，开发相应功能。如图 6-7 所示为某服装企业的 ERP 解决方案。

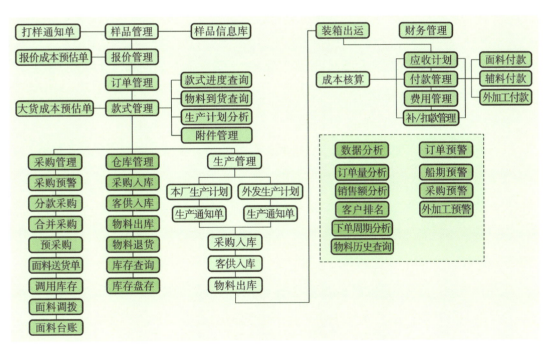

图 6-7　某服装企业的 ERP 解决方案

波司登过去未使用 ERP 系统时，仅靠人工搜集信息，造成供应链反应迟钝，各环节沟通不顺畅。应用 ERP 系统后，波司登在全国的门店（包括波司登的电子商务网站）将订单信息传送至集团总部，总部对市场需求进行集中处理，安排订单的生产，进而对市场做出迅速反应。依照订单生产，可以有效地控制库存，使资金快速回流。下游零售商之间通过 ERP 系统的共享资源，清晰地了解各家的市场需求及库存情况。不同地区的受众群体不同，销售情况也不同。比如说某一种产品在某一地区比较受欢迎且供不应求，而在另一地区滞销、供过于求并且带来库存问题，运用 ERP 系统交换货物，不仅解决了需求地的缺货问题及滞销门店的货物积压问题，同时还减少了因向总部提供信息和总部安排生产所需时间过长而带来的销售损失，提高工作效率。依据 ERP 系统接收到的市场前沿订单，不仅可以按需生产，而且也便于满足个性化定制生产的需求。ERP 系统对职工输入的消息进行收集整理、存储传播，使用 ERP 系统推动信息管理从散漫到集中、从无序到有序。ERP 系统也便于与客户交流，提高服务质量和增进与客户的关系。同时 ERP 系统还可对涉及服装的各种要素（包括颜色、面料、款式等）进行管理，实现资源的合理配置。

三、服装物流管理的主要内容

服装电子商务的物流系统应该具备一些基本的功能，以满足企业的管理需要。一般而言，服装电子商务物流系统由库存管理、运输管理、配送管理和成本管理等模块构成。

1. 库存管理

库存指企业为了使经营政策不间断并及时满足客户的订货需求，必须在各个环节之间设置的物品储备。对于服装企业而言，为了保证生产和流通能及时满足客户的订货需求，就必须持有一定数量的商品库存。

（1）服装行业库存管理存在的问题。

①采购方面。对于服装行业而言，近年来存货的增长率持续增加。从源头来讲，一是管理者自己对服装行业的全局把握不合理、不准确，对服装的市场需求预测不准确，导致采购数量多于实际生产数量；二是采购人员对所需要采购的物品、材料等的真实情况不明，产生不必要的开支，增加存货；三是企业采购人员专业素养不足，企业对存货的管理不到位。

②生产方面。服装行业的采购成本是指做服饰所需要的原材料（如布匹、线和其他原材料）的采购费用；加工成本是指服饰制造过程中加工车间发生的直接人工和制造费用。服装行业的委托加工涉及物资出库、半成品或成品回收、加工费的结算等环节，以往的管理方式不仅难以跟进加工的实时状况，还容易造成物资的浪费，增加了企业的存货成本。

③销售方面。在传统服装市场上，以门店销售为主的服装行业不仅仅面临着租金成本的增长，还面临着销售人员工资的刚性上涨，因此店铺里的服装往往比网上销售的服装价格高很多，促使大部分消费者转向网上购物。随着电子商务的快速发展，人们的消费习惯、消费理念、消费方式有了很大的改变，对传统服装行业的销售冲击很大，致使

销售额下降。

（2）服装行业库存管理的建议。

①建立服装企业库存管理信息系统。对于服装企业而言，建立库存管理信息系统对管理者的全局控制有着重要的作用。服装这个行业的产品时效比较短，更多的消费者喜欢符合潮流的产品，如果不能很好地掌握市场信息，会让整个企业落后于其他企业很多。企业管理者应该对服装行业的发展有大致的合理预测，而不是盲目地制订计划和盲目扩张。同时要有自己的品牌和设计理念，要有自己的特色，才不会被淘汰。

②服装企业开拓新的销售渠道和改变传统销售方式。随着服装电子商务的发展，传统服装行业可以由原来的直接面对顾客的销售方式变为采用网上销售和店铺销售结合等方式。利用信息系统和现有的强大的物流运输系统，服装企业完全可以消除分销链存货，只要经销商缺货，作为供货方不需要经销商提醒就可把货送过去，这样不仅可以减少销货渠道上昂贵的存货，还加快了存货的周转速度，并且有助于更好地了解市场需求，更好地对整个行业进行预测分析。

③健全服装库存管理制度。对需要填制存货入库单、领料单等相关单据的物资，企业应严格要求工作人员准确无误地填写，对存货要进行定期盘查与不定期抽查，最大限度降低管理成本，提高存货管理效率。在监督管理方面，应建立企业存货管理内部监督制度，要求相关人员、相关部门之间相互监督、相互制约，防止串通舞弊。

④提高员工的专业技能。首先，提高库存管理人员的职业道德修养，强化员工专业技能，培养专业化存货管理人才，从人力资源上提高企业综合竞争实力；其次，加强企业文化管理，增强员工对企业的认同感和归属感，培养员工的主人公意识，积极鼓励员工参与企业管理，从各方面提高库存管理效率。

2. 运输管理

运输是货物的载运及输送。广义的运输经营活动还包括货物集散、装卸搬运、中转仓储、配送等一系列操作。

服装运输工具多种多样，服装不同于其他商品，在运输途中的包装尤为重要。对服装运输包装如果有规定，要按照买方要求进行，可以采用装箱式包装和吊式包装。

（1）装箱式包装。为了便于运输，在服装装入内盒后，再将之装入一个大箱子，即外箱。外箱一般为瓦楞纸箱。装箱时要按照合同要求进行，主要有以下几种方式。①同色同码装。相同颜色、相同型号的服装装入同一个纸箱。②同色混码装。相同颜色、不同型号的服装装入同一个纸箱。③混色混码装。不同颜色、不同型号的服装装入同一个纸箱。装箱时的注意事项：①检查吊牌是否挂错；②检查尺码是否正确；③清点件数，确保与装箱表相符，通常在外箱上都有标志，可分为正标与侧标两种，主要注明客户名称、品号、数量、装箱编号、颜色、分码表、净重、毛重、运送地点、起运地等。

（2）吊式包装。对于服装，除了装箱式包装出货，还有一种吊挂货柜的出货方式，可简称为吊式出货。其方法是将成品按客户所指定的方式，吊入柜中。此种送货方式可节省内外箱材料费、胶带费、打包费及人工装箱费，并能保持成品外观整齐、美观，使客户收到货后，不用再花时间来整理。通常易产生皱褶的衣服及高价位的成衣都采用此种方式出货。

在国际贸易中，服装的运输包装要求更高，具体应当考虑满足下列要求：①必须适应服装的特性；②必须适应各种不同运输方式的要求；③必须考虑有关国家的法律规定和客户的要求；④要便于各环节有关人员进行操作；⑤要在保证服装包装牢固的前提下节省费用。

3. 配送管理

配送是指在经济上合理的区域范围内，根据客户要求，对有关物品进行拣选、加工、包装、分割、组配等作业，并按时送达指定地点的物流活动。服装产品配送是商品价值过渡到使用价值的环节，是服装物流过程中的终端环节。因为配送所服务的对象不同，所以对服装产品配送的要求通常有一定的不同，因而有不同的配送模式。企业的规模、企业的性质、服装产品种类、销售渠道的组成都对企业采用什么样的物流配送模式有直接影响。目前，我国服装零售配送活动的组织对运行主要有以下三种基本模式。

（1）自营配送。

自营配送是指企业物流配送的各个环节由企业自身筹建并组织管理，以实现对企业内部及外部货物的配送。这种配送模式系统化程度相对较高，企业可以自主控制配送的整个过程，避免因配送费用不一致产生纠纷，节省了运作时间，从而提高了效率。服装企业的自营配送模式主要有两种：一种是工厂—配送中心—零售点；另一种是工厂—零售点。

（2）共同配送。

共同配送是指多个有同样配送需求的同类企业基于同样的目的联合进行配送活动。中小型服装企业可能因为资金不足和缺乏优质人才等不能建立起自己的物流配送中心。共同配送可使多家企业联合建立配送中心，并对各自的配送业务进行管理，这样的配送模式实现了各企业间的优势互补。

（3）第三方配送。

第三方配送模式是企业把自己的配送业务委托给第三方来完成的一种配送运作模式。采用这种配送模式，不仅可以降低配送成本，而且可以使企业集中精力发展自己的核心业务。

4. 成本管理

物流成本管理是对物流相关费用进行的计划、协调与控制。物流成本管理是通过成本去管理物流，即管理的对象是物流而不是成本。物流成本管理可以说是以降低成本为目标的物流管理方法。

进行服装物流的成本控制，不仅要找出服装物流操作中的显性成本，也要找出隐性成本，并考虑公司管理制度和流程对物流成本的影响。显性成本包括正常的仓储和运输费用，可以看成是正常的物流操作成本。隐性成本主要包括因仓储模块和运输模块管理不善增加的成本。服装物流的仓储成本主要有租金、人员工资（人工费）、办公费及货架、叉车等方面的费用。相对于人工费和办公费而言，租金以及货架等固定投资费用为固定成本，不会因管理改善而改变，所以将其看作正常经营成本，而可变动的人工费、办公费会因管理改善而减少。

降低服装行业的物流成本可以通过以下方式实现：一是努力实现零库存，并形成零库存成本效应；二是从流通全过程优化的视角来降低物流成本；三是通过对供应链全过程的管理来削减成本；四是借助现代信息系统的构筑降低物流成本；五是通过高效率的配送来降低物流成本。

本 / 章 / 小 / 结

随着以现代信息技术为依托的电子商务的发展，以核心企业为中心的供应链的竞争更加激烈。本章从服装电子商务的角度，介绍了服装供应链管理及服装物流管理，阐述了服装企业供应链管理的特点、服装供应链与电子商务系统的关系、服装物流信息技术的应用以及服装电子商务物流管理的主要内容。

思考与练习

1. 以某服装企业为例,了解该企业供应链管理的方式和内容。

2. 选择一家服装电子商务企业,并对其物流管理状况进行分析。

3. 比较不同规模的服装电子商务企业,对其物流运营作比较分析。

第七章
服装跨境电子商务

章节导读　近年来，跨境电子商务的发展越来越迅猛，逐渐成为纺织服装外贸新的增长点。我国的服装企业面对跨境电子商务的发展形势，必须积极应对，才能不断提高服装企业的发展水平。本章将对服装跨境电子商务进行介绍。

第一节　服装跨境电子商务概述

跨境电子商务是指分属不同关境的交易主体，通过电子商务平台达成交易、进行支付结算，并通过跨境物流送达商品、完成交易的一种商业活动。

一、跨境电子商务

1. 跨境电子商务的分类

跨境电子商务涉及较多的要素，主要有交易对象、交易渠道、货物流通、监管方式、资金交付、信息和单据往来等，按照这些要素的不同，可以将跨境电子商务分为不同的类型。我国主要的跨境电子商务经营模式见表7-1。

（1）按照交易对象的不同，可以分为B2B、B2C、C2C、B2G等几类。

我国跨境电子商务的贸易模式主要分为企业对企业（即B2B）和企业对消费者（即B2C）这两种。B2B模式下，企业运用电子商务的手段以广告和信息发布为主，成交和通关流程基本在线下完成，本质上仍属传统贸易。B2C模式下，我国企业直接面对国外消费者，以销售个人消费品为主，物流方面主要采用航空小包、邮寄、快递等方式，其报关主体是快递公司。

表7-1　我国主要跨境电子商务经营模式

经营模式	平台型	自营型
跨境B2B（出口）	阿里巴巴国际站、环球资源网、敦煌网	
跨境B2B（进口）	1688.com、海带网	
跨境电子商务零售（出口）	速卖通、eBay、Amazon、Wish	兰亭集势
跨境电子商务零售（进口）	天猫国际、淘宝全球购、洋码头	网易考拉、京东全球购

（2）按照货物流通方向的不同，可以分为进口跨境电子商务和出口跨境电子商务。

进口跨境电子商务是海外卖家将商品直销给国内的买家，一般是国内消费者访问境外商家的购物网站选择商品，然后下单，由境外卖家通过国际物流将货物送给国内消费者。出口跨境电子商务是国内卖家将商品直销给境外的买家，一般是国外买家访问国内商家的网店，然后下单购买，并完成支付，由国内的商家发国际物流将货物寄给国外买家。

（3）按照海关监管方式的不同，主要分为一般跨境电子商务和保税跨境电子商务。

一般进出口货物主要采用一般跨境电子商务模式，大多是小额进出口货物。保税跨境电子商务模式主要是用于保税进出口货物。二者在通关手续等方面有明显不同。

2. 中国出口跨境电子商务发展现状

中国是世界上重要的产品出口国，在出口总量较稳定的情况下，出口跨境电子商务逐步取代一般跨境贸易，成长性良好。近年来，随着扶持政策、行业发展环境的逐步完善，我国出口跨境电子商务取得了良好的发展。出口跨境电子商务是促进我国外贸发展的不可或缺的主要力量之一，出口跨境电子商务的发展逐渐走向成熟，由"中国制造"向"中国质造"跨越。伴随"一带一路"倡议和全球经贸一体化的深度融合，跨境电子商务将呈现出巨大的发展潜力。

（1）出口跨境电子商务交易规模。

《2017年度中国出口跨境电商发展报告》显示，2017年中国出口跨境电子商务交易规模为6.30万亿元，《2018—2019中国跨境电商市场研究报告》显示，2018年中国跨境出口电子商务行业交易规模达7.90万亿元，如图7-1所示。

中国出口跨境电子商务在传统外贸转型升级的过程中扮演着重要的角色，占进出口总值的比例逐步提高。出口跨境电子商务面向全球200余个国家和地区、70多亿消费者，既有美国、英国等发达国家，又有巴西、印度等发展中国家。在消费者总量、区域范围、整体市场规模上都极为广阔。

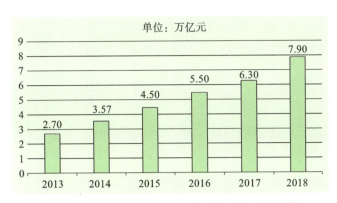

图 7-1 2013—2018 年中国出口跨境电子商务市场交易规模

（2）出口跨境电子商务 B2B 市场交易规模。

《2017 年度中国出口跨境电商发展报告》显示，2017 年中国出口跨境电子商务中 B2B 市场交易规模为 5.10 万亿元，同比增长 13.30%。外贸新时代下催生新的贸易模式，在向新贸易模式转型的过程中，B2B 跨境电子商务平台将扮演越来越重要的角色。平台将在全球贸易参与者中快速渗透，促使更多有贸易需求的买家和有跨境供应实力的供应商在平台上交易，并将更好地承接碎片化、高频次的贸易订单。

2018 年 11 月，首届中国国际进口博览会在上海召开，共有 172 个国家、地区和国际组织参会，3600 多家企业参展，超过 40 万名境内外采购商到会洽谈采购。

（3）出口跨境电子商务网络零售市场交易规模。

海关总署的数据显示，2018 年通过海关跨境电子商务管理平台的零售进出口商品总额达 1347 亿元，增长 50%，其中出口 561.20 亿元，增长 67.00%，进口 785.80 亿元，增长 39.80%。

随着生活水平的提高、消费观念的改变、出境人数的攀升等，中国消费者的跨境消费需求持续增加。然而传统的跨境购物方式存在诸多不足，难以完全满足用户的需求。国内电子商务生态链具有"走出去"优势。在全球速卖通、天猫国际、京东全球购等平台的推动下，我国电子商务行业以大数据辅助供应链选品，并具备全球领先的营销、运营能力，为跨境出口搭建"网上丝绸之路"，惠通全球。

（4）出口跨境电子商务卖家所售商品主要品类分布。

中国出口跨境电子商务卖家所售商品的品类主要为 3C 电子产品、服装服饰、家居园艺、户外用品、健康美容、鞋帽箱包、母婴玩具、汽车配件、灯光照明、安全监控等。

中国凭借低成本、高效率的制造业成为"世界工厂"，在纺织服装产品、3C 电子产品等品类上优势明显。电子产品为标准化产品，在供应端容易形成规模经济；质量小、价值高，物流成本占比较低，适合跨境电子商务销售。

（5）出口跨境电子商务主要市场分布。

中国出口跨境电子商务的主要目的国有美国、俄罗斯、法国、英国、巴西、加拿大、德国、日本、韩国、印度等。目前，我国出口跨境电子商务主要的出口地为欧美等成熟市场，在新兴市场仍然有待发展。新兴市场如东南亚地区、南美洲、非洲等市场都处于初步发展阶段。拉美地区、中亚地区、中东地区、非洲是快速增长的新兴市场，跨境电子商务发展市场仍较为广阔。在新兴市场，由于互联网的快速普及，当地消费者的网购习惯逐渐形成，提供了一个发展潜力巨大的跨境电子商务需求空间。

二、服装跨境电子商务

1. 纺织服装行业的跨境电子商务发展

根据中国海关数据，2017年我国纺织品服装累计出口额为2745.05亿美元，同比增长1.62%，增速较2016年同期提高了8.84%。2018年我国累计完成服装及衣着附件出口1576.33亿美元，同比增长0.30%，对美国、日本服装出口恢复增长，对欧盟出口的降幅有所收窄，对部分"一带一路"沿线国家出口增势较好。

近年来，美国、欧盟、日本服装进口市场的份额中中国产品的占比持续下降，中国的服装出口企业面临着越南、孟加拉国、土耳其、柬埔寨、印度等国家的多方竞争，国际贸易环境的不确定性持续增加，国际市场竞争日趋激烈。根据美国商务部、欧盟统计局和日本财务省公布的2018年服装进口最新数据，美国、欧盟和日本从中国进口服装的比重比2017年同期分别减少了0.65%、1.29%和3.64%，订单明显向越南、孟加拉国、柬埔寨、缅甸等国家转移。

目前，国内跨境电子商务行业中，已形成自有网站、普通第三方卖家、自有品牌卖家三类业态模式。中国纺织服装企业大多以注资、入股等方式进入跨境电子商务领域，纺织服装跨境电子商务业态模式已展现出多级梯队。同时，跨境海淘电子商务的发展空间十分广阔，高端服装服饰品牌逐渐打开了中国市场，在推高服装服饰品类整体客单价的同时，进一步助推了整个市场的迅速增长。

2. 服装企业转型跨境电子商务的必要性

（1）与传统外贸相比，跨境电子商务模式更加适合服装行业。

传统的国际贸易中主要由进出口商集中进出口大批量的货物，然后通过境内流通企业经过多级分销，最后产品才送至有进出口需求的企业或者消费者处，投入大，资质要求高、进出口的环节多、时间长、成本高。跨境电子商务直接通过互联网与国外商家以及消费者交易，进出口环节少、时间短、成本低、效率高，商家与消费者双方均实现交易成本最小化。因此，与传统外贸相比，跨境电子商务更适合中小服装企业。服装企业可充分结合跨境电子商务的特性，发展跨境B2C模式，部分企业可以借鉴其他企业的成功转型经验，借助跨境电子商务平台，选择风险适中的ODM（原始设计制造商）模式，以契合客户更高的需求。

(2)跨境电子商务模式可以提高服装企业的主动权。

目前,我国服装企业多为生产型工厂,缺少自己的品牌。传统的国际贸易方式导致中国制造被贴上了价廉的商标,甚至被进口国以反倾销的名义阻碍进入其市场,服装企业的议价权也就逐渐降低。然而通过跨境电子商务,服装企业可以直接解决营销渠道问题,逐步争取议价权。

同时,众多服装企业是代工制造商(OEM),这批企业大多资金实力雄厚,生产能力较强。这类服装企业可以通过跨境电子商务平台,转变原有发展模式,向OBM(原始品牌制造商)模式发展,创设属于自己的品牌,通过品牌优势增加产品的附加值,同时依靠优质群体的品牌力量,逐步提升品牌美誉度,从而成功地完成企业的转型。

(3)跨境电子商务模式下的零售份额占比逐步升高,有利于扩大服装企业的利润区间。

跨境贸易主体越来越小,交易订单趋向碎片化和小额化,B2C交易的占比还将继续上升,跨境电子商务中B2C这种业务模式将出现爆发式增长。跨境B2C的单笔订单大多是小批量的,甚至是单件的,国外企业或者消费者可以即时地按需采购、消费,双方的交易频率也会大幅度提高。这种灵活的小批量、多种类的交易模式,十分适合服装企业。同时,较高的跨境零售单价十分有利于提高服装企业的利润率。

三、各大跨境电子商务平台简介

1.eBay(易贝)

eBay成立于1995年,当时创始人Omidyar创建eBay的目的是帮助女友在全美寻找Pez糖果盒爱好者进行交流,没想到很快eBay就受到很多人的欢迎。之后,eBay就定位于全球网民买卖物品的线上拍卖及购物网站。

在eBay平台上卖家发布的产品主要有两种销售方式:拍卖和一口价。针对不同的销售方式eBay向卖家收取的费用不同,通常情况是按照刊登费加上成交佣金计算,即产品发布费用和成交佣金。

(1)eBay销售方式介绍。

eBay创立之初是一个拍卖网站,在销售方式上依然延续了拍卖的模式,这是eBay区别于其他平台的一大特色。在eBay上有两种售卖方式:拍卖和一口价。

以拍卖方式刊登物品是eBay卖家常用的销售方式,卖家通过设定物品的起拍价及在线时间,开始拍卖物品,并以下线时的最高竞拍价卖出,出价最高的买家即为该物品的最终买家。在eBay上以低起拍价的方式拍卖物品,是激起买家兴趣并踊跃竞拍的有效途径。拍卖的形式虽然好,但不是所有的产品都适合拍卖,适合拍卖的产品主要有以下特点:①有特点的产品,明显区别于市场上常见的其他产品,并且有市场需求;②库存少的产品；③无法判断产品的准确价值时，可以设置一个能接受的起拍价，由市场决定最终价格。

以一口价方式销售的物品最长在线时间是30天，可以让产品有充分的展示时间。适合采用一口价方式的产品主要具有如下特点：①有大量库存的产品；②有丰富的SKU，可以整合到一次刊登中；③需要长时间在线销售的产品；④卖家希望有固定可控的利润。

（2）eBay政策。

卖家服务评分。eBay的卖家评分系统分为四个维度，简称DSR（detail seller rating），具体是物品描述与实物之间的差异、沟通质量及回应速度、物品运送时间合理性、运费及处理费合理性。卖家服务评分采用5分制，以5颗五角星代表分数，5分最高，1分最低。交易成功后，买家可以给卖家打分。卖家服务评分以五角星的形式显示在卖家的信用评价档案中。

不良交易率，是指不良交易占卖家所有成功交易的比率。如果买家在"物品与描述相符"一项给予了1~3分评价，买家在"运送时间"一项给予了1分评价，买家留下了中评或差评，买家要求退货，且原因与"物品与描述不符"相关，买家通过eBay申请退款保障，因卖家原因取消交易等，都会拉升卖家的不良交易率。卖家需要同时满足"不良交易率"及"未解决纠纷率"的最低要求，确保成为合格卖家。

其他需要注意的规则。①虚假出价。虚假出价是指以拍卖方式刊登商品时，通过虚假出价以得到高价的行为，被判定为虚假出价时，eBay会根据情节轻重做出不同的惩罚。②高额运费。卖家为逃避交易费，将商品价格设低，将运费设高。③滥用关键词。使用和商品无关的关键词以吸引买家。④侵犯他人知识产权。销售假冒或侵权的产品都会受到处罚。⑤不正当取得信用评价，如通过自卖自买自评取得信用评价。

2.Amazon（亚马逊）

Amazon是美国最大的电子商务公司，成立于1995年，初期定位是网络书店，1997年转变为综合网络零售商。

2001年，Amazon开始推广第三方开发平台，2002年推出网络服务，2005年推出Prime服务，2007年开始向第三方卖家提供外包物流服务（FBA），2010年推出KDP的前身即其自身的数字出版平台。Amazon逐步推出这些服务，使其不断超越网络零售商的范畴，成为一家综合服务提供商。

Amazon分为北美平台、欧洲平台、亚洲平台等。北美平台主要开设美国、加拿大、墨西哥站点；欧洲平台主要开设英国、德国、意大利、法国、西班牙站点；亚洲平台主要开设日本站点。跨境电子商务卖家可根据自己产品的特点和物流配送条件选择合适的平台。

Amazon卖家类型分为专业卖家和个人卖家，在收费上向专业卖家每月收取39.99

美元固定费用，对个人卖家按照每笔0.99美元收取手续费。除此之外，Amazon还会收取一定比例的交易费，根据所卖的产品不同收取的比例不同。

在Amazon注册卖家账户需要准备的资料：双币种信用卡、电话号码、税务信息、其他销售平台信息、产品资料表、品牌文件、公司证件、身份信息和网络收款银行信息等。具体可通过其全球开店平台了解。

3. 全球速卖通（AliExpress）

全球速卖通是阿里巴巴旗下面向全球市场打造的在线交易平台。2009年全球速卖通成立，2010年对外免费开放注册，至今已是国内卖家使用较多的跨境电子商务平台之一。目前已经覆盖200多个国家和地区的海外买家，每天海外买家的流量已经超过五千万。全球速卖通的发展非常迅速，是国内卖家初试跨境电子商务的不错选择。它专注于服务全球中小微企业，在这个平台上，买卖双方可以在线更高效地找到适合的彼此，并更快更安心地达成交易。此外，阿里巴巴外贸综合服务平台提供的一站式通关、退税、物流等服务，让外贸企业的出口流通环节也变得更加便利和顺畅。

全球速卖通在巴西、俄罗斯、西班牙、乌克兰、智利等国家是当地非常重要的购物网站，在平台上成交额靠前的国家有俄罗斯、美国、巴西等。

卖家在全球速卖通上注册、发布产品都是免费的，成交后全球速卖通平台会收取销售额的一定比例作为佣金，卖家通过国际支付宝提现的时候也需要支付一笔手续费。

4.Wish

Wish于2011年成立于美国旧金山，是基于移动端App的商业平台。起初，Wish只是向用户推送信息，并不涉及商品交易；2013年开始升级成为购物平台。Wish的系统通过对买家行为等数据的计算，判断买家的喜好、感兴趣的产品，并且选择相应的产品推送给买家。与多数电子商务平台不同，在Wish上的买家不太会通过关键词搜索来浏览商品，更倾向于无目的地浏览。这种浏览方式在西方国家比较容易被接受，所以Wish平台超过六成的用户来自美国和加拿大，以及一些欧洲国家。

在其引流模式下，新卖家、小卖家可以得到更多的机会。目前Wish平台向卖家免费开放注册，按每笔成交的订单的销售额收取15%的佣金。

根据用户在注册时填写的基本信息，加上后期的浏览、购买行为，系统会为用户打上标签，并且不断地记录和更新用户标签，根据用户多维度的标签推算买家用户可能感兴趣的商品。这些计算都由系统完成，并且有持续修正的过程。目前Wish平台的主要销售类目是服装服饰，包括女装、男装、美妆、配饰，以后可能会扩展3C配件、母婴、家居类目的份额。

> 网易考拉是网易旗下以跨境业务为主的综合型电子商务平台，于2015年1月9日公测，销售品类涵盖母婴、美妆、家居生活、营养保健、环球美食、服饰箱包、数码家电等。网易考拉提供大量海外商品购买渠道，希望帮助用户"用更少的钱，过更好的生活"，助推消费和生活的双重升级。

第二节　服装跨境电子商务的运营

全球速卖通是阿里巴巴集团旗下帮助中小企业直接与全球的个人消费者在线交易的跨境电子商务平台，集商品展示、客户下单、在线支付、跨境物流等多种功能于一体，可实现小批量、多批次快速销售，拓展利润空间。

本节以全球速卖通为平台，讲述服装跨境电子商务的运营，主要涉及开店、运营、物流方面的内容。

一、开设店铺及选品

要在全球速卖通上开网店，先要了解平台的招商标准，充分准备入驻资料，注册账号，并完成企业认证。然后等待类目入驻资质审核，相关资质信息必须确保真实有效并符合入驻要求。最后缴纳类目技术服务年费，申请商标资质权限。在全球速卖通平台开店的流程如图7-2所示。

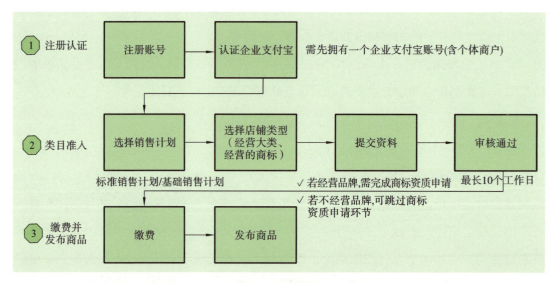

图7-2　开店流程

店招通常包括店铺名称、logo等内容，如同实体店的招牌，买家看到后，能对产品有大致定位。目前全球速卖通系统的店招板块只能加入一个链接，加入主推产品链接或者分类链接都是不错的选择。很多时候，卖家会将店招设置为首页的链接，当买家进入店铺后如果发现某款产品不能满足需要，可以回到首页继续从产品中挑选，这样就从侧面提高了转化率，降低了跳失率。

二、运营技巧

运营店铺的关键就是获取订单，需要注意以下几个方面。一是流量，首先标题要覆盖关键词，抢夺流量入口，原则是大词必填、中词选填、小词散填；其次是引流，利用平台活动或者直通车定点购买流量。二是点击率，需要注意标题的构成，如品牌词＋类目词＋属性词＋核心关键词＋连续长尾词＋for。三是成交转化率，主要是优化精准流量的来源，针对目标客户群体做到定向营销。

提高流量、点击率和成交转化率，可以从产品企划和营销推广两个方面下功夫。

1. 产品企划

选品是运营的先行环节，后续的运营工作都会以产品为载体，例如凸显宝贝效果、优化库存、监控热销单品、打造"爆款"等。选品可以从以下几个方面进行：①搜集热销品类、品牌、单品信息，分析热销原因并进行总结；②分析其他店铺的产品情况，制订合理的营销计划，优先抢占流量入口；③分析自身的优势与所缺失的品类，熟悉市场容量和产品生命周期；④对产品进行比价并合理定价，制订合理的促销活动计划，有节奏地调整产品价格；⑤分析市场受众，满足主要用户的需要，提升主要用户的体验。

（1）搜集市场数据，分析市场需求。

任何一款产品上架之前都需要进行市场调研，了解是不是有人卖过，有没有一定的市场需求。如果在全球速卖通上没有开通相关的类目就不要考虑经营此类商品。同样，如果一款产品在市场上卖家很少，开了直通车也没有太大流量，也不要考虑经营此类商品。

（2）产品发布的类目路径务必正确。

全球速卖通平台有搜索诊断功能，自2017年起全面开展违规商品整顿事宜，退回违规商品，并根据情节严重程度对账号执行冻结甚至关闭处置。

（3）商品属性要选对。

商品属性是指产品本身所固有的性质，是产品在不同领域差异性（不同于其他产品的性质）的集合。也就是说，产品属性是产品性质的集合，是产品差异性的集合。如连衣裙类目下面有长款、中长款、碎花、雪纺等，这些就是商品的属性。

商品属性设置出现问题的话，就会给店铺造成一系列不良影响，比如产品无法曝光、在搜索框无法精准搜索出这个产品等。

（4）产品上架数量要适当。

如果店铺只有十几款商品，关键词有限，想要获得很大的流量就很难。对于大部分卖家来说，最好能有30~50款商品，并且不建议大量铺货。

（5）切忌在标题中大量堆砌关键词。

站内搜索的展示逻辑是跟产品标题与搜索词的匹配度直接相关的。拟定产品标题的重点在于用词精准，建议采用genuine或original(正品)＋品牌＋型号＋重点关键词(功能词)＋长尾词＋热搜词的形式。如果在标题中堆砌大量关键词，有时反而会降低排名。

（6）做好主图优化。

随着跨境电子商务网站平台的改革，对主图也有了相应要求，鼓励卖家用纯白底的图片，将logo放在左上角的位置，太过花哨平台会认为图片质量不合格（在搜索诊断中可以查看）。卖家可以在主图效果看起来比较舒服的前提下，适当增加一些功能图标，毕竟有些产品还是需要用图标来演示功能，用心做好主图可以带来意想不到的转化率。

（7）价格设置要合适。

在全球速卖通上创建店铺的初期，建议用保本的价格去推广，因为前期主要是测试产品。同时，也要参考市场的平均价格，以免定价过高，导致客户流失。

（8）关键属性勾选好。

在全球速卖通上发布新产品的时候，需要勾选很多属性选项，建议在能够确定的情况下，将可选的属性都选上，以提升展现的概率。另外，只有把产品的属性描述得清楚准确，消费者才能很容易地获取产品的相关信息。

（9）自定义属性影响搜索权重。

在自定义属性中可以补充完善产品信息。卖家不要忽视自定义属性的功能，其中设置的内容的搜索权重对产品的影响很大。平台给予的资源是有限的，要仔细衡量如何填写，比如库存、颜色、型号、特性等。

服装跨境电子商务中的主要产品类别及运营要点如下。①女装产品。连衣裙：连衣裙是平台搜索量排名第一的产品，海外市场需求量很大，特别是4—6月是需求的旺季。泳衣：订单以小额批发为主，要把握好流行元素，销售旺季在3—6月。②男装产品。影响男装销量的主要因素是服装的款式，零售要突出价格优势。男性消费者注重实用和性价比因素。t恤：以欧美风、潮流款式、搞怪款式、创意款式、主题款式、纯色简约款、涂鸦款等为主。外套、卫衣：以欧美风、经典款、百搭纯色款、简约风等为主。③cosplay服装。这个类目的产品需求量不大，但是利润高，做这个类目要重点关注近期上映的动漫电影及流行元素。主要产品有日本动漫主题服饰、动漫周边配件、英雄人物服饰、热门游戏的人物服饰、洛丽塔主题产品、哥特风复古服饰等。每年的8月到圣诞节为销售旺季，在6—7月就要做好准备工作。④内衣。需求量一直非常稳定，受季节影响不大，订单以小额批发为主。

2. 营销推广

（1）发布足够的产品。

如何提升产品的曝光率呢？发布足够的产品就是很有效的方法。数据统计显示，产品达到200种的卖家获得曝光的机会，是产品在200种以下卖家的1～3倍，有一定的产品种类基础，获得订单的机会更大。但要记得分开上传产品，每天传一点，每天都有新产品上传，排名自然就会上升。

（2）橱窗推荐位的使用。

除了发布足够多的产品，善于使用橱窗推荐位也是提升产品曝光率的有效途径之一。通过橱窗推荐位可给产品增加排序权重，从而使产品排名靠前。

（3）参与平台产品推荐活动。

参加全球速卖通平台的各类产品推荐活动也是获取更高曝光率的途径。平台会根据市场需求不定期地进行商品招募活动，参与其中就有机会获得优质推荐位。实际活动效果显示，参加活动能给卖家带来更多的曝光机会，可帮助卖家快速拉动交易量。

（4）善用"动态多图"功能。

"好图胜千言。"据研究表明，在进入产品详情页时，产品图片是买家首要关注的地方。"动态多图"功能允许卖家为每个商品最多上传6张展示图片，6张图片动态显示，能够全方位、多角度地展示产品，大大提高买家对产品的兴趣。

（5）使用产品互链工具。

产品互链是指在产品信息展示页中展示其他近似或不同类型的产品。买家可以通过展示页中的其他产品入口进入他感兴趣的其他产品的展示页。利用这个工具，商家可以以点带面，全面提升产品曝光度。

（6）利用产品邮件推送工具。

产品邮件推送工具是全球速卖通平台为买家和卖家搭建的一个沟通渠道。买家一经订阅，每周都可以收到平台发来的最新的优质产品和优质店铺信息，以及买家通过关键词或行业订阅的相关内容。卖家可以利用这个功能，推荐买家订阅店铺，让买家可在第一时间了解店铺的最新产品。

（7）优化产品描述与标题。

做好产品描述、产品标题的关键字优化，图片要适当，要图文结合。消费者一般都喜欢简单明了的风格，描述太多反而不合适。

3. 全球速卖通直通车推广

全球速卖通直通车，是全球速卖通平台为会员提供的，会员可通过自主设置多维度关键词展示产品信息，通过大量曝光产品来吸引买家，是按照点击付费的全新网络推广方式。直通车推广的流程为准备产品、选择关键词、新建推广计划、优化调整、新建重点推广计划等，具体如下。

（1）准备产品。

产品可以选择：①点击率高，转化率高，客户停留时间长的产品；②产品质量有保障，没有硬伤的产品。可快速测试出产品的市场反应，确定价格是否合适、是否受欢迎。

（2）选择关键词。

对热搜词词表、飙升词词表中的关键词按转化率或者点击率排序，筛选出与产品相关性高的关键词，如图 7-3 所示；也可从客户页面搜索框中摘取联想词。

图 7-3 全球速卖通直通车关键词的选择

（3）新建推广计划。

选择新建推广，如图 7-4 所示，可选择新建快捷推广计划，填写推广计划名称；然后，选择产品、选择系统推荐词，添加准备好的用平均数法则筛选出来的关键词和联想词，修改关键词出价。

图 7-4 新建推广计划

如果与产品的相关性很高的词的系统评分为良或者无评分，说明产品的标题中没有突出这个词，可以考虑优化关键词、标题和详细描述。逐个审查关键词的相关性并进行出价。对于相关度高的，要敢于出价；如果相关性低，要谨慎出价或删除，如图 7-5

所示。

（4）优化调整。

首先，观察关键词的曝光、点击情况。曝光率高、点击率低代表搜索量大但相关性一般，建议保留；曝光率低、点击率高代表相关性高，这种词价格便宜，可保留并考虑提价；对于曝光率低、无点击的词可以更换；对于点击率高、价格高的词可以保留并降价。其次，观察用户行为。可借助直通车的用户行为分析功能分析用户行为，如图7-6所示。最后，分析原因并优化产品。对于曝光率高、点击率低的产品可调整价格、优化主图；对于跳失率高的产品，可调整价格和优化产品描述；产品的成交率低通常是由于价格过高、产品质量存在问题，应该进行相应调整。

图7-5　选择关键词

图7-6　直通车用户行为分析

总体上是对关键词、价格和图片进行优化。

（5）新建重点推广计划。

对最受欢迎的产品进行重点推广。重点推广计划的预算要考虑增长的空间，如果转化率能够持续上涨，可以继续增加预算，如图 7-7 所示。

利用直通车推广的主要技巧如下。①利用直通车测款。对相似的产品不知道主推哪款时，可通过直通车新建快捷推广计划来测款，此阶段的预算不能太少，不然流量基数太少，没有参考价值。②透过数据发现运营问题。观察直通车后台数据，如某产品能匹配的优质关键词少或显示警报标识，说明该产品的上架质量不好，需要马上优化或者重新上架。③敢于为争取优质关键词竞价。优质关键词关联的购买意愿较强并且较为精准，转化率高，是值得投入的。④避开竞价高峰。在竞价时最好错开高峰出价期，这样点击单价不会被同行抬得太高。

图 7-7 新建重点推广计划

三、跨境物流

在全球速卖通平台上，跨境电子商务主要采用 B2C 模式，因此在此主要讨论 B2C 模式下的物流环节。大致流程为卖家收到平台订单之后将货品打包发出，包裹通过各种不同的物流渠道从发件国海关以海运、陆运、空运的形式送达收件国海关，最后通过收件国当地派送渠道送到买家的手上。整个流程的主要环节、应关注的重点内容及可能出现的问题如下。

（1）发件国物流渠道：①实重、体积重；②跟踪号、转单号；③排仓、爆仓；④上网时效、起飞时效；⑤未上网、未申报。

（2）发件国海关：①出口总包护封开拆；②出口总包直接分发；③出口总包护封分发。

（3）空运、在途中：①交航；②护运、中转。

（4）收件国海关：①清关；②税号；③检疫；④关税；⑤扣关；⑥清关时效。

（5）收件国物流：①丢弃、退件；②代收；③丢件。

（6）收件人签收、妥投。

全球速卖通提供的物流服务主要有无忧物流、线上发货、海外仓。无忧物流是菜鸟网络与全球速卖通联合推出的物流服务，提供包括揽收、配送、物流追踪、物流纠纷处理、赔付等在内的一站式物流解决方案。线上发货是优质物流商入驻线上，平台作为第三方

常见的几种跨境物流模式如下。

（1）国际快递渠道（UPS、DHL、FedEx、TNT等）。国际快递的成本相当高，优点是速度快、可靠性高，可以全程跟踪。通常只在国外客户对时效性要求很高、货物价值比较高的情况下才选择使用国际快递。

（2）我国的快递渠道（顺丰、四通一达等）。我国的快递公司提供的跨境物流服务收费要比UPS、DHL、FedEx等国际快递公司低一些，时效性、可靠性稍弱，覆盖面不够广，但通关能力较强。

（3）邮政包裹渠道（新加坡邮政等）。这是覆盖面最广、费用最低的一种渠道，但是时效性差，耗时是国际快递的两倍以上。据不完全统计，我国的出口跨境电子商务中有70%左右的包裹都通过邮政系统投递。

（4）专线物流渠道。

①专线物流渠道（俄罗斯专线、中东专线、美国专线等）。出口跨境电子商务专线物流一般是通过空运先将货物发到海外，再通过合作的目的国物流公司、快递公司等进行门到门派送。

②专线物流渠道的特点是先把来自不同客户的零散货物集中起来，合并成一票大货，再发空运，到了目的国（地区）再拆分、派送。这样通过规模优势可以有效降低空运成本。因此，其价格一般比国际快递低，但是时效性不如国际快递。专线物流模式在本质上和传统物流的门到门模式差不多。

（5）海外仓（包括边境仓）（提供头程运输+本地派送服务）。海外仓是随着跨境电子商务的兴起而发展起来的一种崭新的物流模式。海外仓提供的服务分为三个部分：头程运输（比较典型的是FBA头程）、仓储管理和本地派送。

全程监督物流商的服务，保障卖家权益。海外仓借力海外仓库开展当地化服务，商家可以备货到海外仓库，出单后直接从海外仓库发货，时效更快，服务更好。

第三节 服装企业发展跨境电子商务的对策

纺织品和服装出口额在我国外贸出口总额中所占的比重一直很大。由于受到材料成本上升、国际市场竞争愈加激烈等方面的影响，比重有下滑趋势，而且服装行业的发展速度明显放缓，很多服装企业明显感觉到订单数量减少、价格下降、利润空间被压缩，服装出口企业面临较大的生存压力。

随着互联网经济的快速发展，传统的实体经济受到的冲击越来越大，而服装网络销售的热度却持续上升。加上我国电子商务发展迅速，服装已经成为跨境网购的热门产品，占跨境网购产品总量的1/3。跨境电子商务已经成为服装企业摆脱压力及进行出口事业转型的一个重要途径。在电子商务时代，服装出口企业必须充分利用互联网及电子商务平台，提高企业的经济效益。

一、服装企业发展跨境电子商务面临的挑战

1. 信用体系不完善

这里说的信用体系包括产品信用与支付信用两个方面。

（1）产品信用方面。

服装企业受自身规模和资金的限制，普遍存在以下三方面问题：一是自动化设备使用率低，产品质量难以保证；二是自主创新意识缺乏，产品研发投入少，更新换代速度慢，仿冒其他品牌产品的现象屡见不鲜；三是品牌意识薄弱，品牌建设能力严重不足。

（2）支付信用方面。

跨境电子商务作为一种虚拟化程度较高的贸易形式，贸易双方分处不同国家，因贸易政策以及政府机构监管政策的差异，带来的不可控因素较多，交易风险较大。由于无法全面掌握境外企业的实际情况，信息不对称，导致境内银行等监管机构无法实现对跨境电子商务贸易的精准监管，支付信用安全漏洞较大。我国服装企业在开展跨境电子商务的过程中有可能遭遇贸易欺诈，并因对对方国家法律制度不熟悉，使得贸易申诉难度大、时间长。

2. 专业人才匮乏

相较于传统外贸和普通电子商务，跨境电子商务对从业人员的专业素质要求更高。一名合格的跨境电子商务从业人员除了要熟悉国际贸易法律、拥有丰富的外贸专业知识和扎实的外语应用能力、熟练掌握电子商务操作技能，还需具备良好的国际视野。

跨境电子商务作为近年来兴起的新型贸易形式，其对外贸人才专业素质的高要求与高校人才培养体系的欠完善之间的不平衡，导致我国跨境电子商务专业人才匮乏。此外，服装企业对高端人才缺乏吸引力，在与龙头企业的人才竞争中长期处于劣势地位，已成为制约我国服装企业发展跨境电子商务的一个巨大障碍。

3. 物流体系不成熟

物流是跨境电子商务贸易的核心环节，目前市场上有 5 种主流的跨境物流方式：邮政小包、国际快递、专线物流、海外仓和部分快递公司提供的跨国服务。据不完全统计，我国跨境电子商务出口业务中 70% 的包裹均使用邮政系统投递，这种物流一般以私人包裹形式出境，批次多、批量小，不仅不便于海关部门统计，同时无法享受正常的出口退税，导致广大服装企业难以获得因纺织服装出口退税率提升至 17% 所带来的利润。此外，跨境物流通常成本较高，一般占总成本的 30%～40%。对于本身利率就不高的中小服装企业来说，交易成本大大增加，削弱了产品竞争力。同时，由于大部分物流操作依靠人工操作完成，物流企业信息化程度较低，无法实现包裹运输过程的全程跟踪，客户难以及时了解包裹所处的运输环节和地理位置，派送延误、包裹破损时有发生，丢失的概率也较大，物流服务整体水平有待提高。

4. 整体消费体验欠佳

跨境电子商务以网络平台为依托，高度虚拟化的购物环境使得消费者难以获得与在实体店购物同等水平的购物体验。具体体现为无法实现服装的现场试穿，这与服装制品注重体验的特点不相适应，在一定程度上削弱了消费者的满意度。同时，由于地理距离远、运输时间长、物流信息不透明、收货时间不确定等诸多不利因素的影响，消费者的物流体验也较为一般。受制于不完善的物流体系以及不同国家之间烦琐的通关手续，当境外消费者因对产品款式、尺寸、颜色等不满意需要退换货时，难以获得及时反馈。以上几点因素导致消费者的购物体验较差。

二、服装企业发展跨境电子商务的对策

1. 利用政府扶持政策

纺织服装业是我国的主要轻工业之一，为了更好地促进服装出口企业的转型，我国政府也出台了相应的政策、制度、方针，对跨境电子商务予以扶持。服装企业应充分利用和争取政府的政策扶持。

2. 利用跨境电子商务服务平台降低成本

传统的外贸交易方式下，商品的出口时间很长，要经过比较烦琐和复杂的交易流程，而且其中有很多中间商，经过层层利润分摊，导致交易成本一直居高不下。而跨境电子商务则可以很好地解决这些问题。跨境电子商务实现了无纸化交易，交易的平台就是网络，

通过网络将交易的主体、支付企业、物流企业、海关等各个部门连接起来，形成一个便捷的交易通道。

服装企业可以与不同国家的企业及消费者进行直接交易，海关及商检等部门也能利用互联网提高工作效率，使得整个服装对外贸易过程中，报关、支付、物流、保险、售后等服务被串联起来，减少了服装出口过程中的环节，简化了流程，对于降低出口贸易成本有十分重要的意义。

以阿里巴巴旗下的全球速卖通电子商务平台为例，卖家可以在网站上注册，该电子商务平台也拥有一定的消费者资源。卖家在该电子商务平台上注册开店后可以上传自己的商品，国内外的消费者都可以通过互联网查询到商家的信息和产品信息，而且产品的物流运输、报关清关、商检等环节都被串联起来，交易极为简便，交易成功后卖家支付交易额 3%～14% 的交易佣金即可。在该平台上注册的企业可以节省前期建网站开店的费用，而且可以享受全球多家国际物流企业提供的海外专线运输服务，还有多种支付方式可供选择，便于消费者消费支付。该平台还开展金融贷款、风险控制等创新服务，为我国服装企业的出口贸易提供了极大的便利。

3. 打造快捷的供应链系统

在服装企业的发展过程中，供应链系统的水平直接影响企业的经济效益。传统服装企业的出口订单订货量一般较大，生产周期较长，有时甚至达半年之久，这就明显不符合电子商务时代的消费需求。

在跨境电子商务背景下，服装企业的订单模式发生了很大改变，短期的小订单成为主要的订单形式。企业必须适应新的交易环境，打造出能够快速响应市场的供应链，对市场的发展趋势及消费者的需求进行深入研究，满足消费者"多次、少量"的交易需求。

服装企业可采用柔性供应链系统，将传统的服装生产线切割成很多不同的模块，一家工厂只需要负责服装生产及包装等过程中的一个工序。比如服装打板、裁剪、缝制等，这些不同的工序和环节交由不同的工厂来完成。多家工厂分工协作、共同完成，生产效率高，交货的周期较短，而且生产出来的服装品质较高。这种柔性供应链系统可以更好地适应电子商务时代的要求，促进跨境电子商务贸易快速发展。

4. 增加品牌附加值

国内很多服装企业对品牌效应的重视程度不够，品牌意识不强，从而导致产品的附加值不高。而且随着国际市场的不断变化，我国服装企业受到的冲击也越来越大。对此，企业必须树立品牌意识，提升品牌知名度，提高产品附加值。品牌溢价可以使得同样的产品获得更高的利润。服装企业可以通过打造品牌文化、提高品牌价值，让消费者加深对服装品牌的认知，不断提高品牌的溢价能力。由于人们的消费观念发生了改变，跨境电子商务的消费者是愿意为品牌溢价付费的。通过提升品牌的影响力，加强营销管理创新，可以有效地提高企业的营销水平。

5. 加强跨境电子商务企业店铺的运营

为拓展跨境电子商务业务，服装企业要加强对企业网站的建设，建立起属于自己的网站，给消费者一个全面了解企业产品的渠道。服装企业应该积极参加各种平台活动，进行定向展示、联合营销，对企业的服装产品进行推广，促使销量不断提升，让更多消费者了解其产品。平台活动是跨境电子商务平台为卖家提供的一种新型推广服务，是由专门的跨境电子商务平台策划的。

跨境电子商务一般都采用网络营销，传播范围广，传播信息量大，而且受众广泛，可以降低服装企业的营销成本，减少中间费用，让产品被更多人知晓，增强产品的吸引力。服装企业必须学会利用跨境电子商务平台，做好店铺的设计。比如结合本企业的产品定位，对网页的视觉效果进行改善，设计独特、新颖的文案、广告；在坚持传递产品的真实信息的基础上，尽量美化产品的页面；做好产品精准定位，提高服装企业的营销水平。

6. 转变经营理念

在跨境贸易中，国内服装企业面对的是国际市场，有来自国外服装企业的竞争，也有被国外消费者选择的机会。在这种背景下，企业更要转变观念，用开放的思维和观念来看待问题，改变企业的组织结构，优化人才配置，不断创新企业管理模式，提高企业生产标准，更好地适应日益激烈的市场竞争。企业应该充分运用大数据、O2O等新技术、新模式来提升消费者的购物体验，满足消费者的个性化需求，开展个性化营销和精准营销，从而提高资金的使用效率，降低生产经营风险。

本 / 章 / 小 / 结

本章介绍了服装跨境电子商务的概况，以及服装企业发展跨境电子商务面临的挑战和可采用的对策。服装企业要改变经营理念，注重品牌的培育，在跨境电子商务经营过程中提供优质的跨境物流服务，并注重吸收和培养优秀的跨境电子商务人才，充分利用自身优势，提升跨境电子商务业务量和品牌竞争力。

思考与练习

1. 简要分析全球速卖通网站上销量较好的服装产品的特点。

2. 查询相关资料，了解国际物流的基础知识。

3. 结合自己所学，谈谈服装出口企业从事跨境电子商务贸易面临的问题和可采用的转型策略。

参考文献
References

[1] 王波，陈锦科.电子商务概论[M].南京：南京大学出版社，2016.

[2] 姜红波.电子商务概论[M].北京：清华大学出版社，2009.

[3] 黄岚，王喆.电子商务概论[M].北京：机械工业出版社，2014.

[4] 郑绮萍，朱国麟.电子商务师技能实训指导[M].广州：广东高等教育出版社，2014.

[5] 杨以雄.服装市场营销[M].3版.上海：东华大学出版社，2015.

[6] 中国服装协会.2017—2018中国服装行业发展报告[M].北京：中国纺织出版社，2018.

[7] 张晓倩，徐园园，顾新建，等.服装电子商务[M].北京：中国纺织出版社，2014.

[8] 戴宏钦.服装电子商务[M].北京：化学工业出版社，2014.

[9] 单红忠.服装电子商务[M].北京：中国纺织出版社，2017.

[10] 龙琼，冯复平，赵乃东，等.服装电子商务案例[M].北京：经济日报出版社，2017.

[11] 赵天.大数据技术在中国服装行业中应用与研究[J].轻纺工业与技术，2018（5）：14-16.

[12] 莫岱青.《2015—2016年度中国服装电商行业报告》发布[J].计算机与网络，2017，43（4）：10-12.

[13] 佚名.PPG（批批吉服装网络直销公司）[A/OL].（2018-8-12）.http://baike.baidu.com/item/PPG/10912688?fr=aladdin.

[14] 中国国际泳装展.服装电商的三大痛点、四大发展对策及五大趋势[EB/OL].（2017-01-03）.http://www.sohu.com/a/123324554_474151.

[15] 中国纺织工业联合流通分会.2017年纺织服装电子商务运行浅析[EB/OL].（2018-05-30）.http://www.sohu.com/a/233487697_282707.

[16] 莫岱青.服装电子商务发展的七大特征[J].计算机与网络，2017，43（z1）：19.

[17] 孙菊剑.服装零售终端运营与管理[M].2版.上海：东华大学出版社，2014.

[18] 李雪枫.服装市场营销[M].北京：中国传媒大学出版社，2011.

[19] 徐慧娟.面向TCSP四位一体的服装电子商务教学研究[J].轻工科技,2014,30(12):177-178.

[20] 王崇志.基于高职电子商务专业网上创业的实践教学研究[J].宿州教育学院学报,2015,18(2):157-158.

[21] 杜荣良,韦慧,曹翔.创业导向型高职电子商务专业实践教学体系构建[J].现代商贸工业,2016,37(31):164-165.

[22] 刘梦,亓晓丽,赵佳.高职院校"服装电子商务"课程的教学改革[J].纺织服装教育,2017,32(5):385-387.

[23] 史朋飞.服装电子商务发展浅析[J].企业导报,2016(19):193.

[24] 彭迪,赵晶,陈晓玲,等."服装市场调研"课程的教学研究[J].纺织服装教育,2016,31(4):303-305.

[25] 刘蓉.探析新时期网络市场营销调研方法[J].经济研究导刊,2017(15):50-51.

[26] 中国产业信息网.2018年中国服装网购规模及网购渗透率走势分析[EB/OL].(2018-01-11).http://www.chyxx.com/industry/201801/602550.html.

[27] 恒盛杰电商咨讯.淘宝天猫服装网店运营秘笈:SEO·直通车·数据化精准营销·爆款打造学习教程[M].北京:机械工业出版社,2016.

[28] 王影.网络市场调研的方法及步骤[J].中外企业家,2015(18):106.

[29] 吴春胜,戴宏钦.服装网络营销教程[M].上海:东华大学出版社,2013.

[30] 李宁忠.服装网络营销策略研究[D].兰州:兰州大学,2012.

[31] 周志鹏.服装网络营销策略创新研究[J].铜陵职业技术学院学报,2014,13(3):94-96.

[32] 陈学军.服装网络营销[M].北京:化学工业出版社,2014.

[33] 崔瑜花,牛继舜.网络零售环境下服装消费行为研究[M].北京:经济日报出版社,2017.

[34] 周易军.Web 3.0时代的服装网络营销:理论与实务[M].北京:经济日报出版社,2016.

[35] 中公教育优就业研究院.网络营销实战派·玩转新媒体营销[M].北京:世界图书出版公司北京公司,2017.

[36] 杨以雄.服装物流管理教程[M].上海:东华大学出版社,2013.

[37] 王洋.探索新媒体对女装品牌营销模式的影响——以微信为例[D].武汉:武汉纺织大学,2015.

[38] 宋洋秋歌.新媒体时代服装品牌营销策略研究——以优衣库为例[D].苏州:苏州大学,2017.

[39] 朱冠霖.基于服装品牌在新媒体营销中的策略分析与研究[D].长春：吉林大学，2017.

[40] 服装智能制造精英俱乐部.服装智能制造：互联网时代供应链必需要具备的八个特征[EB/OL].（2017-10-24）.https://mp.weixin.qq.com/s?__biz=MzIxMTYyMjg2MQ%3D%3D&idx=2&mid=2247485118&sn=409c8f70b4b9f097266f131d02a67e91.

[41] 刘长伴.中国服装供应链管理：10年实战经验总结与深度反思[EB/OL].（2018-03-12）.https://www.sohu.com/a/225344689_343156.

[42] 贾平.现代物流管理[M].2版.北京：清华大学出版社，2017.

[43] 吴健.电子商务物流管理[M].2版.北京：清华大学出版社，2013.

[44] 黎继子.电子商务物流[M].北京：中国纺织出版社，2016.

[45] 李宁，常美玲.ERP系统在服装企业的应用[J].商场现代化，2017（8），7-8.

[46] 索理.基于EDI技术的服装产品设计与开发[J].山东纺织经济，2016（12）：18，51-52.

[47] 黄伟伟，李俊.基于XML的服装EDI标准在服装企业的运用[J].纺织导报，2010(6)：121-123.

[48] 梁建芳.服装物流与供应链管理[M].上海：东华大学出版社，2009.

[49] 骆温平.物流与供应链管理[M].3版.北京：电子工业出版社，2013.

[50] 贾雪斌.服装行业供应链管理研究[D].天津：天津工业大学，2017.

[51] 黄宇笛，刘羿辰，张蓉，荆梦瑶.纺织服装跨境电商的发展与网店运营[J].江苏丝绸，2018（3）：21-25.

[52] 郭瑜.跨境电商背景下服装企业出口转型发展对策[J].企业科技与发展，2018（8）：35-37.

[53] 官雁飞.基于跨境电子商务平台的中国服装出口贸易运营模式与问题研究[D].广州：广东外语外贸大学，2017.

[54] 李玲.我国中小服装企业开展跨境电商的问题及对策分析[J].改革与开放，2018(3)：35-37.

[55] 褚智.服装业B2C跨境电商的发展问题研究[J].特区经济，2017（11）：97-99.

[56] 易静.虎门镇服装产业跨境电商研究[D].广州：广东外语外贸大学，2015.

[57] 偈娜.跨境电商贸易环境下服装企业出口转型之路[J].纺织导报，2015（4）:85-87.

[58] 李卫宏，林冠宝，邱菱.福建省服装企业发展跨境电商对策研究[J].常州工学院学报，2017,30（3）:71-74.

[59] 管荣伟.服装出口企业跨境电商贸易面临的问题与转型策略[J].对外经贸实务，

2015（5）：48-51.

[60] 修良元，白璐璐. 服装出口企业跨境电商贸易面临的问题与转型策略[J]. 金融经济，2016（24）：123-124.

[61] 易传识网络科技. 跨境电商多平台运营[M]. 北京：电子工业出版社.2015.

[62] 老魏. 亚马逊跨境电商运营宝典[M]. 北京：电子工业出版社，2018.

[63] 速卖通大学. 跨境电商客服[M]. 北京：电子工业出版社，2015.

[64] 速卖通大学. 跨境电商美工[M]. 北京：电子工业出版社，2016.

[65] 速卖通大学. 跨境电商数据化管理[M]. 北京：电子工业出版社，2015.

[66] 速卖通大学. 跨境电商物流[M]. 北京：电子工业出版社，2016.

[67] 速卖通大学. 跨境电商营销[M]. 北京：电子工业出版社，2015.